オタク女子が、4人で暮らしてみたら。

藤谷千明

幻冬舎文庫

オタク女子が、4人で暮らしてみたら。

はじめに

　2020年、夏。平日のある蒸し暑い夜、私は自宅のリビングで肉が焼けるのを見ていた。焼いているのは同居人たちだ。なぜ平日に自宅焼き肉が行われているのか。理由は「『おそ松さん』第3期の放送が決定したから」だ。

同居人は3人。私も含めて全員30代、そして全員オタクの女性が4人、この家には暮らしている。大好きなアニメの新作がつくられる、その期待と不安に襲われた同居人たちが、「カロリーをとらないと、この事実を呑《の》み込めない」と、続々と肉とケーキを買って帰ってきた。「オタクと暮らしてないと、こういうイベントは発生しないな～」と思いながら、焼ける肉を見てる。

　このルームシェアは、昨年の頭から始まった。

　オタクの定義はいろいろあるが、ここでは「なんらかの〝推し文化〟に片足、いや両足を突っ込んでいる人間」くらいの意味合いだ。たとえば先述のように、好きなアニメの新作放送の報に肉を焼く人間も「オタク」だし、ソシャゲに入れ込んでいる人も「オタク」だし、三次元のアイドルオーディション番組に情緒を乱されている人も「オタク」だし、近年ではロックバンドのファンも消費の仕方によっては、「オタク」とくくられることが増えた。私自身、ヴィジュアル系バンドのファンをかれこれ四半世紀以上やっている。

私も同居人のみんなも深夜アニメの放送を毎週楽しみに待っていたり、マンガを一気に全巻読破してみたり、ソシャゲのガチャに一喜一憂したり、やたらと観劇に行ったり、ライブやコンサートではしゃいだりと、家の中でも外でも忙しくしている。オタクはコンプリート欲が強い。趣味が増えるとモノが増える。推しは無限に増やすことができるけれど、東京の土地は有限で家賃は高いし、年収はそう簡単に増えてはくれない。そもそもライブ遠征などで家を空ける時間が多いのに、オタクグッズ置き場と化した部屋にバカ高い家賃を払うのは無駄な気すらする。

だったら、同じ悩みを抱える人間たちで集まって暮らして、生活コストを下げればいい。それが私がルームシェアを始めた理由のひとつだ。

ルームシェアやシェアハウスという暮らし方は、都市部ではある程度浸透しているように感じる。でもまだまだ若者同士のケースがほとんどで、世間的には、未婚・アラフォー・女性複数人の暮らしは珍しいのか、「どうなの？」と聞かれることは少なくない。

「どうなの？」の内容は、「同居のきっかけは？」「同居人はどんな人？」「ケンカはしないの？」「プライバシーは？」「お金の管理は？」「誰かが転勤したら？」「誰かに恋人ができたり結婚したりしたら？」「いつまで続けるつもり？」くらいに分類できる。

そして、それと同じくらい、「私もやってみたい」という言葉をよくもらう。そこで、我々の生活で溜まった〝知見〟を何度かウェブメディアにエッセイとして寄稿したところ、反響が上々だったため、どうせならまとめてみましょう、というのが本書の試みだ。

我々4人は、さきほど述べた通り、生活コストを下げたいという目的のもとに集まった。1年半以上暮らしてみて、思っていたよりトラブルは少なく、ケンカも起きてない。私はフリーランスのライター、そしてほかの同居人は私と同じくフリーランスの服飾作家だったり、堅めの企業勤めだったりと、わりと生活サイクルはバラバラなものの、先述のように突発的に焼き肉イベントが発生するなど、なんだかんだで楽しくやっている。新型コロナウイルス感染症問題で揺れる社会の中でも、「つつがなく」という言葉がピッタリの暮らしぶりだ。

血縁で結ばれた家族や、愛情で結ばれたパートナーでなく、趣味の傾向と利害関係が一致した友人同士でも、なんとな〜く暮らしていけるというケースは、高齢化だったり非婚化だったり、なにかと課題の多い今後の社会において、希望の持てる話になるんじゃないかと思う。

ひとりで暮らしていると、わけもなく寂しくなったり不安になったりすることはある。それを解消する手段として、誰かと暮らす、たとえば同棲や結婚を考える人も多いだろう。もちろん、そうしたい人はそうするのがベストだけど、アラフォーが誰かと暮らすための選択肢は、結婚だけではないと思う。友人同士でのルームシェアも、結構快適で楽しいぞ、と言いたい。

ただ、誰にでも適用できる汎用性の高いハウツーではないとも思う。同居人の気質だったり、住んでいる地域だったり、物件事情などの「運要素」は大きい。とはいえ、前例がなくとも意外と頼めばなんとかなることも多かったし、ひとつの例として参考にしていただければ幸いだ。このご時世、個人情報に関わる部分は伏せていたりするけれど、家探しや契約の過程、生活スタイルに関してはだいたい現実に即している。
では、我々のゆるい試行錯誤と戦いの記録が開演します（ここでブザーの音）。

目次

登場人物紹介

～"文化的なハウス"の住人～

藤谷（39）

この本の著者。
ヴィジュアル系が好きな
フリーライター。
趣味と実益を兼ねた
資料収集のせいで部屋の本棚は
いつもあふれている。
リアルでもネット用語を
口にするタイプ（はずかしい）。

◆推しジャンル◆
ヴィジュアル系／
HiGH&LOW（LDH）／
YouTuberなど

丸山さん（36）

15年来の友人
（たしかmixiで出会った
気がする）。
フリーランスの
服飾作家として
生計を立てている。
料理が得意。関西弁。

◆推しジャンル◆
週刊少年ジャンプ／
コスプレなど

星野さん（35）

やっぱり10年前くらいに
ツイッターで
相互フォローになり、
そこから友人関係に発展。
お堅い企業勤務の
会社員で、出張も多い。
おっとりした性格で、
やっぱりわりと敬語。

◆推しジャンル◆
ソーシャルゲーム／アニメ／
2.5次元舞台

角田さん（38）

10年前くらいに
ツイッターで
相互フォローになり、
そこから友人関係に発展。
都内のIT系企業勤務の会社員。
観劇遠征などで
家をあけることも多い。
几帳面な性格で、
普段からわりと敬語。

◆推しジャンル◆
舞台（2.5次元から宝塚まで）／
和装／アイドルなど

本文イラスト／カヤヒロヤ
※本書の登場人物は著者以外すべて仮名です。

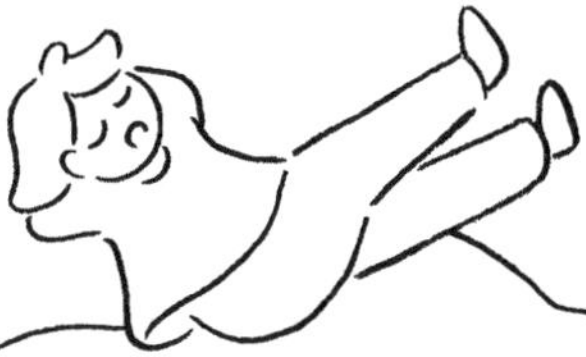

第1章

私は如何にして心配するのを止めてオタクと暮らすことにしたのか

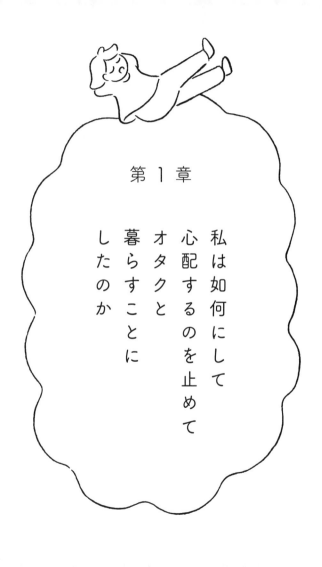

アラフォー、夜泣きに至る

2年前の秋。JR沿線にある自宅マンションの一室で私は泣いていた。駅近という利便性にひかれて借りた部屋だけど、ついでに線路も近いため、深夜になっても電車の音が止まらない。普段はそこまで気にならないけど、この日は急な気温の変化のせいか、たいへんメンタルが落ちていたので、電車の通過音が体にガンガン響いてきて不快に感じる。涙は止まらない。これでは「夜泣き」である。さて、37歳独身女性がなぜ夜泣きを？　メンタルの不調？　その理由は？　そもそも誰？　調べてみました！（トレンドブログ風）

◆肩が痛い

思えば、この年の3月に駅の階段からウッカリ転げ落ちて、肩の筋肉を痛めたところから人生にケチがつきはじめた気がする。最初の病院で「骨に異常がないから」と放り出されるも、あまり快方に向かわず、病院を転々としながらごまかしごまかし生活していた。だが、痛みは一向におさまらない。

痛めたのは利き腕ではなかったけれど、どうしても不便がつきまとうし、体のどこかがよくないと、不安が増すのは1人暮らしあるある。今痛いのは肩だけだけど、今後それ以外の箇所、たとえば足を悪くしてしまったりしたら、日常生活にさらに支障が出てくる可能性もある。そりゃあ「可能性」の話なのだけれど、当時の私はメンタル的にはかなりどん底で、悪い考えがどんどんわいて出てきた。「このまま体が動かなくなってしまったらどうしよう……」と、不安もどんどん広がっていってしまう。え～ん。

◆部屋がヤバい

このとき住んでいた1Kの部屋は約7畳。1人暮らしにありがちな広さだが、なにしろとにかくモノが多い。私の基本マインドは「ミーハーで雑食なオタク」。もともと大好きだったヴィジュアル系バンドに加えて、ソーシャルゲームやアニメ、マンガ、映画などさまざまなコンテンツにハマり続けて幾星霜《いくせいそう》。〝趣味が高じた〟系の仕事も多いので、「これはいつか、資料として使えるかもしれない」と、財布の紐も緩みがち。

専業ライターとしては多くはないはず……と言い訳しつつ、壁には高さ180センチのスチール本棚を3つ並べており、本やCDがぎっしりだった。突っ張り棒で地震対策はしているが、「大地震が来たら圧死するのでは？」という不安がぬぐえない。その上、つくりつけの食器棚にまでCDや本をつっこんでいる有様だった。部屋が散らかっていると、おのずと病んでくるものですわ。

◆パートナーと別れた

干支が一周するくらいの期間、一緒に住んでいたパートナーから前年末に別れを切り出された（遠い目）。原因、原因はなんだろうな～（さらに遠い目）。ロックバンドっぽくいうと「方向性の違い」か。同居解消に伴って急遽引越したのが前述の1Kだった。

◆お金が不安

好きでやっているとはいえ、フリーランスのライターは経済的に安定してるとは言い難い。それゆえに「将来どうしよう」という不安はつきまとう。しかも2人暮らしから1人暮らしになると、生活コストの上昇を感じざるを得ない。1人暮らしの部屋の家賃は1カ月8万5000円（共益費込）。あとから冷静になって「ちょっと高いな？」と気づく始末だった。

モノでいっぱいの部屋はとてもじゃないが仕事に集中できる環境ではない。というわけで、近所のシェアオフィス（月額2万5000円）を借りるはめに。家計を圧迫してくる固定費がじわじわとプレッシャーになっていた。

いかがでしたか？　そう、これらが渾然《こんぜん》一体となって、私の精神を追い詰めていく。結果として、アラフォーの夜泣きが炸裂したのだった。秋の夜は長い……。

腐乱死体にはなりたくない、
2000万円の貯蓄は厳しい

布団の中でスンスンしていると、不安はどんどん膨らんでいく。将来どうしよう……。あまり緊張感なく将来設計もなく生きてきたので、心の中の戸愚呂《とぐろ》弟が「おまえ、もしかしてまだ、自分が死なないとでも思ってるんじゃないかね？」とささやいてくる。

ゴールデンボンバーの「愛を止めないで ～I Love Me Don't Stop～」という曲は、失恋の孤独感から孤独死がよぎってしまう夜を歌っているのだが、何かと印税ネタでいじられる鬼龍院翔さんですら孤独死が怖いのだから、これはもうダメです。おしまいです。

こういうとき、なにをするか。私はすぐスマホを手に取り、いろいろ検索してしまう。勢いあまって「孤独死」とグーグルさまにおたずねしたところ、出るわ出るわ、とてもつらいニュース記事が。「孤独死した40代独身男性はいかに孤立したか？」だとか、「孤独死した40代女性の部屋はゴミ屋敷！」だとか……。

なるほど、40代でも孤独死はありえる。そして、そういう記事のイメージ画像はだいたい〝とっちらかった部屋〟だ。「汚い部屋に住む人は寿命が短い」とでも言いたいのか？

正味、ひとりで死ぬのがイヤなのではない。死んだあとに誰にも気づかれず腐乱死体と化して、ゴミ屋敷で発見されるようなシチュエーションだけは御免被《こうむ》りたいのだ。

自分の身をもって事故物件を錬成したくないし、管理人さんや死体処理業者さんにも悪いし……。

でもネット上では、〝まっとうな人生を送っている人〟以外の末路はそんなものだといわんばかりの記事が憚《はばか》っている。あ〜やだやだ、ジャーナリズムの名を借りて、ただ不安を煽《あお》るようなああいうニュース記事、全部滅べばいいのに！

少し前に「老後資金には２０００万円が必要」みたいな話がニュースになり、物議を醸していた。はたして私はそんな金額を貯めることができるのか？　正直、今の収入や貯金額から考えると、あまり現実的ではない。無い袖を限界までふるのがオタクなもので（主語デカ）、同世代の平均的な貯金額と比べたら、自分のそれはめちゃめちゃ低いはず。ただしリボ払いも含め、借金はしてないのでセーフとする。この判定基準の甘さよ。

オタク費用がかさむなら、基本的な生活コストを下げれば貯金ができるのかもしれない。都心を離れて安くて広い部屋に住めば、モノ多すぎ問題も解決できる。でも、これが難しい。

ライターの仕事は、都内のさまざまな場所へ足を運ぶ。インタビュー取材なら主要レコード会社や出版社に出向く。さらに、私はライブレポートの仕事をする機会も多いため、都内のライブハウス、さいたまスーパーアリーナ、幕張メッセ、横浜アリーナなどの大規模会場によく取材に行く。ライブは大半が夜なので、終わってからスムーズに帰れる距離でないと体力的にキツい。そうなると、家賃の安い郊外に引越すことはあまり現実的ではない。

実家に帰ることも一度は頭をよぎったが、当方の実家は山口県と遠方すぎる。ゆえに今の仕事を続ける以上は、この選択肢もない。それに、高校を卒業してからロクに帰省をしていない上に、実家は現在姉夫婦（+子供4人）と両親の二世帯住宅と化しており、どう考えても居場所がないだろう。

私は4人姉妹の次女なのだが、姉と一番下の妹は結婚して子供がおり、すぐ下の妹は婚約中。仕事を引退した両親の目は、おのずとアラフォー独身女性である私に向いてくる。パートナーと別れた直後に帰省した際は、「なにもしてあげられなくてごめんなさい」と目を潤ませていた母親に、こちらとしてもかける言葉がないわけで。仕事を捨てて戻ったところで、完全に「かわいそうな人」扱いであることが予想される。それは嫌だ。

ついでにいうと、地元は過疎地なので職の選択肢も限られている。同情するなら金をくれ（突然の『家なき子』）。それは冗談として、決して太くはない実家、私よりは未来ある甥っ子姪っ子たちに限りあるマネーを使ってほしい。

こんなにも1人暮らしが向いてないとは

「孤独死が怖い」「2000万円も貯められない」「5000兆円欲しい」など先々への不安は一旦棚上げするとして、とにかく当座の問題は「なにかあったとき、ひとりだと寂しい、不安」につきる。ざっくりいうと、1人暮らし向いてない問題。

そもそも私は、人生において1人暮らしをしていた期間のほうが短い。18年間暮らした実家は、両親と伯祖母《おおおば》、私を含めた4人姉妹の7人構成。戸建の家は大工だったらしい祖父（若いうちに蒸発したらしいので詳細は不明）が建てたそうで、正確な築年数は知るよしもないが、築40〜50年は軽く超えていた。1階は台所、伯祖母の部屋、二段ベッドで要塞化した子供用寝室、2階に無理くり学習デスクを並べ、余った空間が親の寝室兼居間という、パーソナルスペースの概念を放棄した限界ミチミチハウスで育った。

そこそこに複雑な家庭だったので、高校卒業と同時に「こんな家、限界だ〜い」と金もコネも学もないまま飛び出して、たどり着いたのは自衛隊。ここで4年間の寮生活を送るも、圧倒的なタテ社会と集団行動が無理になり、今度は「こんな寮生活、限界だ〜い」と、退職金を元手に上京を決意。とはいえ単身乗り込むのは不安すぎたため、すでに上京してアパレル業をしていた妹へ同居を提案。晴れて東京暮らしをゲットした。

でも結局、家事の方針や生活サイクルの相違で半年で同居は破綻してしまう。その後、約1年ほど1人暮らしをしている頃に、パートナーと出会い、交際開始。これは完全に偶然だが、当時の私のバイト先と彼の家が近すぎたため、そりゃあ……まあ……自分の家には帰らなくなりますよね、オホホ。そのまま、なし崩しに同棲を始めた。それが約12年前のことだ。

そんなふうに、いろんなタイプの〝人間〟と暮らした後、アラフォーで再び1人暮らしに舞い戻った。そして実感する、自分は1人暮らしに向いていないという事実！これを解決するため、では誰と、もしくはなにと暮らすのか、いくつかの選択肢を脳内でシミュレーションしてみた。夜泣きにもそろそろ疲れた布団の中で（で、いつ寝るの？）。

ぬいぐるみかペットか人間（異性）か

テテン（効果音）、「私はなにと暮らすべきか」チャート！（すべて5つ星方式）

パターン1「ぬいぐるみと暮らす」

◆難易度　★☆☆☆☆（最も安易）
◆精神的不安解消の可能性　★☆☆☆☆（ないよりはマシ）
◆経済的不安解消の可能性　☆☆☆☆☆（無意味！）

ぬいぐるみは可愛い。可愛いものと暮らせば、寂しさも多少は解消される。オタクには「ぬいママ」という文化があり、推しのぬいぐるみと生活をともにする者も多い。私はイケメンキャラクターの「ぬい」ではなく、ドン・キホーテのドンペンくんや、「できるかな」のゴン太くんのぬいを愛玩している。ぬいぐるみのいいところは、問答無用に可愛いところと、文句を言わないところ。良くも悪くもなにもしてはくれないけどね。

パターン2「魚や爬虫類と暮らす」

◆難易度　★★☆☆☆（ペット不可でも魚は飼える部屋は多い）
◆精神的不安解消の可能性　★★☆☆☆（意思の疎通の可能性はあるが、会話はできない）
◆経済的不安解消の可能性　☆☆☆☆☆（「守るもの」があると働くモチベーションになるかもしれないが、飼育コストはかかる）

パターン3「犬や猫と暮らす」

◆難易度　★★★☆☆（ペット可の物件があれば）
◆精神的不安解消の可能性　★★☆☆☆（パターン2と同）
◆経済的不安解消の可能性　☆☆☆☆☆（同右）

爬虫類や魚類はペット不可物件でも飼える可能性はある。ペット可物件を探す必要はあるが犬猫のモフモフも捨てがたい。寂しさを埋めるために動物を飼うのは倫理的にはどうなんだ？　とも思うけれど、逆に愛玩する以外の理由で愛玩動物を飼う理由はあるのか。守るものが生活空間にいる人生は張り合いが生まれるような気もする。

パターン4「再びパートナーを見つけて暮らす」

◆難易度　★★★★☆（相手がいないと始まらない）

◆精神的不安解消の可能性　★★★★☆（〝好きな人〟と一緒にいる安心感は大きい）
◆経済的不安解消の可能性　★★★★☆（生活コストは折半できる）

それは、人生をともに歩みたいと思える相手を、ゼロから探す作業をやらなければならないということ。

うーん、めんどくさい（一刀両断）。40歳を前にして、再び他人と暮らす。つまりえ、めんどくさい（2回目）。20代の頃は勢いでなんとかなっていた交際までの過程も、慎重になりますわい。自分の年齢も年齢だし、場合によっては最初から相手の親の介護などが視野に入ってくる可能性もある。プレッシャーが違う。そもそも失恋の痛手もあり、恋愛に積極的になれる状態でもない。寂しさや経済的不安を埋めるために誰かと交際するのは、端的に失礼だし。ハイ終了。

逡巡《しゅんじゅん》したところで、「誰かに甘えずに、ちゃんと自立しましょう」となるだけだ。精神論で今の部屋が広くなるわけでも、モノが減るわけでも、収入が増えるわけでもない。堂々巡りの結果、夜泣きは止まったけれど、結局解決策は特にない。そのままぼんやりスマホでツイッターの画面をスクロールしていたところ、たまたま古い友人のつぶやきが目に入った。

服飾系のフリーランス業を営んでいる少し年下の彼女も、漠然とした将来の不安を吐露していた。わかる（わかる）。広い意味での夜泣きだよね。私もさっきまで夜泣きしてた。似たような悩みを記したツイートに、〝わかり〟の気持ちを込めて心のなかでそっと「いいね」を押そうとして（実際に押すのは、同情してるととられかねないので止めた）、ハッ！　と気づいた。

一緒に暮らすのは別に「好きな異性」や「家族」に限らなくてもいいじゃんか。社会でいう明確な名前のついた関係じゃなくても、ある程度気心の知れた相手と暮らせば「精神的不安の解消」「生活コストの削減」は達成できる可能性が高い。もともとの友人なら、「パターン4：再びパートナーを見つけて暮らす」より難易度も低いのでは？　オッ、この選択肢めっちゃアリですやん！　天才か⁉

時刻はすでに深夜1時を回っていたけれど、思いついた興奮のまま、即座にアプリをツイッターからLINEに切り替え、夜泣き（仮）していた友人へこう送信した。

「ねえねえ、オタクルームシェアしない？」

第2章

【メン募】同居人募集・当方オタク、完全ゆるふわ志向。

「面白いほうに５０００点」

彼女の名前は丸山さん。私の１００％フルスイング思いつきＬＩＮＥに、秒で返事をくれた。

「唐突やね！」

関西人のきれいなツッコミが入った。

丸山さんは、かつて一緒に同人誌をつくっていたこともある、15年来のオタク友達だ。コスプレイヤーでもあり、衣装製作の腕が高じて現在はフリーの服飾作家として都内を中心に活動している。彼女が関西に住んでいた頃は、イベント遠征時にお互いの家を宿代わりにしていた関係である。それゆえ、私がさまざまな前提をすっとばして、突発的に思いつきを連絡してくることには慣れている。

私「うん！　実はかくかくしかじかで引越したくて（前章の内容をかいつまんで話す）。最近ツイッターでも〝こんな物件オタク同士で住みたい〟みたいな間取り画像がバズってたじゃないですか～～。それに2人なら同じくらいの家賃で、広いリビングの物件にも住めるじゃないですか～～。そこで作業できますし」（※長文すぎて吹き出しがレシートのようになったＬＩＮＥ）

丸山「つまりこういうことやな？　『生活コストを下げて、人恋しさを解消したい』と」

私「Exactly（そのとおりでございます）」

丸山「ダービー弟！　たしかに作業部屋ができるのは魅力的やし、オタクの2人暮らし、確実に面白いわ。面白いほうに5000点です～～～～」

私「せやろ」

「面白いほうに5000点」は、丸山さんと私の会話によく出てくるフレーズだ。若い人はご存じないかもしれないが、往年のクイズ番組『クイズダービー』が元ネタである。

丸山「でもやっぱり唐突すぎですわ。ずっと家にいるフリーランス2人だけやと、確実に揉めるのが目に見えてるし、ほんまに実行するんやったら、もう1人入れたほうが良いかと思います」

わ〜い、さすが10年来の友人、的確だ〜〜！　なお、ベースが敬語なのは仕様です。どれだけ距離が縮まっても敬語が外れない、これもオタクあるある。

たしかに2人だけだと、なにかトラブルがあったときお互いにどちらかのせいにしてしまいがちだ。私の経験でも、これまでの妹やパートナーとの2人暮らしでそういうトラブルは多々あった。「歯磨きのときに蛇口開けっ放し」レベルで口ゲンカになったり……ウッ、頭が……。

他人同士で3人暮らしの経験はないけれど、良いかもしれない。家賃も3人で割り勘にすれば、負担が少ないままでもっといい部屋に住める可能性もポップアップしてくるし。「とりあえず、共通の友人に声かけてみようか」と、その日のＬＩＮＥはお開きになった。

　さて、ルームシェアのメンバー募集。これまで他人と暮らしてきた経験は多いけれど、親姉妹は生まれたときから一緒だったし、寮生活は強制的なものであり、パートナーとはなし崩しで同棲に突入したので、どういう相手と一緒に暮らしたいかを考えたことはあまりなかった。まあ、こういう場面でもない限り、そこはなかなか考えないか。

　とりあえず、断られても気まずくならないレベル（※重要）の親しい関係にある人に声をかけてみよう、と丸山さんと話し合う。

私「誰に声をかけます？」

丸山「そうですねぇ、例のＬＩＮＥグループで呼びかけてみたら？」

私「それや」

　例のＬＩＮＥグループとは、私が友人たちを集めて不定期に開催しているパーティーの連絡用グループ、その名も「ちょっとしたパーティー」である。

　当初は同年代のヴィジュアル系のファンたちが「最近派手な服装してないな〜」

「子連れで集まれる遊びがないな〜」と、ゴシックな黒服やロリータをまとってカラオケルームなどに集って遊んでいたのが発端になっている。

やがて「いつもカラオケだと変化がないな」「洋館みたいなスタジオ借りて撮影会しよう」「キッチン付きレンタルスペースを借りて〝ちょっとしたパーティー〟をやろう」と広がっていき、クリスマスやハロウィン、あるいは意味もなく唐突にパーティーを開催するのが恒例になっていた。それが異様に盛り上がった結果、友人が友人を呼び、最終的に数十人規模の集団と化していたＬＩＮＥグループである。もはや「ちょっと」ではない。

たしかに、あそこにいるのは知り合って10年くらいは経過しており、人となりはだいたい摑んでいる人たちばかりだ。それに、このグループで行われる催しの場所を押さえたり予算管理をしたりしていたのは私なので、参加者はだいたい私の人間性（＝多少雑だけど、企画そのものを投げ出すようなことは少ない）を理解しているように思う。ゆえにひとりひとりにメッセージを投げるより、効率が良い。

というわけで、我々は曖昧な感じでメンバー募集を開始したのであった。

あんまりイカれてないメンバーを紹介するぜ

結論から申し上げますと、簡単にメンバーが集まりました。

もう少し難航するかと思ったけれど、本当に「誰かワイと一緒に住みたい人〜」「は〜い」くらいの感覚であった。コールアンドレスポンスか。

しかも手を挙げてくれたのは2人。3人のつもりが、4人によるオタクルームシェアの機運である。一瞬「多いかな?」と思ったが、人数が多いほうが当然生活コストは下がる。その点でいえば、1人増えても問題ないかもしれないな、と思い直した。

LINEグループは、「多いほうが面白くね?」という雰囲気になっていた。「ノウハウをブログにまとめて、バズらせてアフィでチャリンチャリンじゃん!」「ルームシェア系YouTuberになれよ!」「いっそ初期EXILEよろしく中目黒で共同生活をしろ」など、あっという間に大喜利状態に。繰り返すようだが、オタクの女にとって、「面白い」は最優先事項（主語デカ）。この面白チャンス、乗っかっておくべきだ。

手を挙げてくれた2人は、三上さんと角田《つのだ》さん。

三上さんは関東近郊在住、実家暮らしのアラサーバンギャルで、親から「そろそろ家を出て独立してほしい」とせっつかれているという。本人としても都内での1人暮らしを考えていたところ、ルームシェアも楽しそうとのことで、立候補。

角田さんは都内で1人暮らしをしているアラフォー。観劇を趣味とするオタクで、近年仕事も趣味も安定しているものの、逆に生活がルーティン化していることに悩んでおり、「なんか面白そう」という理由で立候補してくれた。ちなみに、お二方とも会社員。私と丸山さんがフリーランスなため、会社員の人がいてくれたほうが心強い！

その場の勢いで、4人のLINEグループをつくり、打ち合わせを開始。

私「皆さんよろしくお願いします！　部屋は散らかしがちですが、水回りはきれいにするほうなので、この10年、自分の部屋で虫のたぐいは見てません（なお前に住んでいたマンションの1階はコンビニ）。希望としては、とにかく本棚をいっぱい置きたい」

丸山「よろしくです〜。私も仕事が仕事やから、修羅場の時期は部屋は散らかってるかな〜。リビングの一部を借りて、アトリエにできたら嬉しいです。料理は好きやから、キッチンが広くなるならいろいろつくりたいです」

角田「私は仕事の繁忙期ほぼ家にいない系人間です。本と服の収納があれば満足です。料理よりは、掃除のほうが好きですね。そのへんは協力しましょう」

三上「私は1人暮らし初めてなので、いろいろ教えてもらえると嬉しいです。実家でも家事はするけど、洗濯は苦手かもです。共有部分にみんなの〝薄い本〟を入れる棚とかつくりたいですね〜！」

全員「せやな」

などなど、夢がひろがりんぐ状態である。

完全に勢いだったこちらの提案に、友人たちが集まってくれている。「あ、私意外と好かれているのかもしれない」と、パートナーと別れて以降、ちょっと欠落していた自尊心が回復していくような気がした。

誰かの得意なところは誰かの不得意なところ、そういう凸凹を補っていけたら、それはたいへんありがたい。住みたい部屋だとか理想の暮らしの話をするのはたいへん楽しい。しかし、ここは冷静になっておきたい気持ちもある。各々の事情をすり合わせていったところ、

・別に今すぐ引越したいわけではないので、いい物件が見つかったら動こう
・急に誰かが脱退すると大変だから、家族になにかあったときの相談はしておこう
・1人暮らしよりも生活費が高くなると意味がないので、1人頭5万～6万円＝20～24万円の家賃の物件を想定し、初期費用の準備をしよう
・良さそうな物件があったらグーグルスプレッドシートで共有しよう

といった形にまとまった。さあ、やっていきましょう。

【犬猫可】より少ない【ルームシェア可】物件

さて、物件探しです。希望はこんな感じ。なお、【ルームシェア可】であることが大前提だ。

・全員の個室が欲しいので４ＬＤＫ以上
・作業スペースが欲しいので、リビングは最低でも12畳
・家賃は25万円以内
・築年数はこだわらないが、水回りはリフォーム済みであることが必須
・個室の広さに差が少ない
・できれば全室フローリングがいいけど、和室も可
・誰かの個室を通らないと出られないベランダは洗濯物を干すのに不便だからＮＧ

・都心から電車で30分以内
・会社員組の通勤事情を考慮し、２路線は使える駅が理想

こうやって並べると注文が多いな。

検索手法はいわゆる人海戦術で、ＳＵＵＭＯ、ＨＯＭＥ'Ｓ、Ｙａｈｏｏ！不動産、東京Ｒ不動産をそれぞれ手分けして担当することにした。だいたい毎日昼休みだとか夜の時間帯に、良さげな物件をＬＩＮＥグループに投下。それをみんなで吟味し、全員のお眼鏡にかなう物件はグーグルスプレッドシートに記入する。スプレッドシートでは【物件名】【間取り】【家賃】【最寄り駅】【徒歩〇分】【築年数】などの項目をリスト化し、比較検討できるようにした。

しっかしまあ、【ルームシェア可物件】の少ないこと少ないこと〜〜！　４人がかりでもスプレッドシートに１日に１件追加できれば良いほうで、賃貸情報サイトから実際に問い合わせたらＮＧということも多々あった。

世の中の賃貸物件は、ほぼ【ルームシェア相談】となっている。【可】ではなく【相談】！　この【相談】というファジーな表現に振り回されること数知れず。

サイトによっては、【ルームシェア】と【２人入居】がまとめて同じチェックボックスに入っていて、問い合わせてみると「友人同士のルームシェアは不可」だったり、暗にフリーランスであることを理由にお断りされたり、「そういう形のルームシェアはちょっと……」というふんわりした理由でハネられるケースもあった。待って、「そういう形」とは、なんぞ……⁉　ちなみに【２人入居】とは、結婚を前提とした同棲を指しているとのこと。まわりくどいな、オイ。

検索に疲れはじめた私は、「灯台下暗《もと》しかもしれない」と、住んでいる街の駅前の不動産会社を訪ねてもみた。が、「友達４人で暮らせる物件を探してます」と言い終わらないうちに、スタッフの表情がみるみる曇っていく。

いわく、友人同士のルームシェアというものはケンカ別れなどで破綻したときに家賃が未払いになるリスクがあって、家主にとって心配のタネ。それゆえにルームシェア可物件は非常に少ないのだという。いやいや、同棲やきょうだい同士でも破綻するときはするからね？　どちらも前科ありの私が言うんだから間違いない（自慢にならない）。

ルームシェア可物件はペット可物件よりも少ないという説も巷《ちまた》ではまことしやかに

ささやかれている。「人間様は複数だとワンちゃん以下か！」と遠い目になった。
間取りの面でも物件探しは難航した。４ＬＤＫというと、賃貸マンションは大抵ファミリー向け物件であり、家族で暮らすことを想定した間取りばかり。
三上「８畳、６畳、６畳、４・５畳……あら、この部屋、窓がすごく小さい」
角田「北側で日当たりも悪そうですね」
丸山「座敷牢ですやん」
私「ジャンケンで負けたやつが、座敷わらしとしてやっていくしかない」
角田「ねえ見てくださいよ、こっちの物件は一応〝４ＬＤＫ〟とあるけれど、ひとつはサンルームですよ」
三上「サンルームってガラス張りの部屋？」
私「マジで？『ジョジョの奇妙な冒険』（３部）のＤＩＯだったら死んでるじゃん」
丸山「灰になるわ！　旅終わってまうわ！　っていうかＤＩＯじゃなくても嫌ですよ」

ぐぬぬ。当初はみんな勢いづいて検索しまくっていたけれど、断られることが続くと心が折れそうになる。

角田「ここまでルームシェアの入居が厳しいとは……」
丸山「この物件、前にも見たかも……物件のゲシュタルト崩壊」
私「いっそもう、買うしかないのか、マンションを（五・七・五）」
三上「５０００兆円欲しい！」

疲弊した我々を見かねた「ちょっとしたパーティー」グループの人々も、「〇〇駅が狙い目」「リノベ物件はシャワーの水圧が弱すぎたりするから要確認」だとか、「オーナーが外国人の物件はルームシェアに優しい説、逆に財閥系の物件は厳しい説」「23区出るとゴミ袋が自治体指定で有料になったりするから気をつけて」だとか、物件探しに協力してくれた。

我々４人も、途中から賃貸大喜利というか、あきらかに手の届かない家賃月額１００万の神楽坂の洋館にキャッキャしたり、どうみてもｅｘ．タコ部屋であることがうかがえる錦糸町の謎物件に震えるなどしつつ、気を取り直して理想の物件探しに邁進《まいしん》するのであった。

理想の物件〝文化的なハウス〟

そして、「さすがに簡単に見つからないよね～気長に探そうか～」という空気が漂いはじめたある日。まさに理想を体現した物件が、条件保存検索にひっかかってきた。

・21万円の一軒家（予算より安い！）
・JR沿線（快速止まる！）徒歩15分（許容範囲！）
・5LDK（余った1部屋は収納部屋にできる！）
・リビング14畳
・個室の広さは8畳、7・5畳、7畳、6畳（許容範囲！）、全室フローリング（嬉しい）
・キッチン、バス、トイレリフォーム済

・トイレと洗面台が各階にある（朝、殺し合いにならない）

なにより……燦然《さんぜん》と輝く【ルームシェア可】の1行！

駐車場がないということでファミリーからは敬遠されていた物件らしいが、車を持たない我々からしたらむしろ好都合。おいおい、これはかなり〝アリ〟なのでは？

私「オッ、これは〜〜〜〜？」

三上「庭付き一軒家！　間取りと収納もかなり理想的！　洗面台2個は〝勝ち〟」

角田「〇〇駅が使えるなら、私は通勤的にもありがたいです」

丸山「私も問屋街まで出やすいのは助かる。110平米はでっかいですね〜〜」

私「昔このへん住んでましたけど、THE・住宅街ですね。スーパーも多いはず」

角田「これでなにかのミスでルームシェアが不可だったら泣いちゃうな」

秒速で不動産会社に電話したところ、やはりルームシェア可で、まだ手付かずとのこと。一気に色めき立った我らは、がぜん勢いづいて次の週末に内見の予約をとりつけた。
そして訪れた週末、ウキウキ遠足気分で不動産会社の店舗に向かう。当の物件は駅から少し離れているので、社用車に乗って現地へ。たしかに築年数は古いけれど、水回りはきれいで、日当たりもかなり良い。各部屋の南側にベランダもついていて、小さいながらも庭もあった。

私「ホテルの1階にありそうな庭だな」
不動産業者「家主さんは、木を切り倒すとかじゃなければ住人が手を加えても構わないと言ってましたね」
丸山「わ〜い、家庭菜園チャンス！」

収納面では、納戸のほかにシューズクローゼットも備わっているのを見つけ、着道楽の気《け》がある角田さんと丸山さんがブチ上がる。北側の一部屋にはつくりつけのハンガーラックが設けられており、またブチ上がる2人。

丸山「靴、置き放題やんけ〜〜！」
角田「ハンガーラックの上に棚があるから、ここに着物を置いていいですか？」
三上・私「いいとも〜（ガッツポーズで）」

たしかに、ここをみんなの収納部屋にできたらいいなあ。住んでいるイメージがわく家はいい家だ。

私には、内見で確認したいことがあった。それはコンセントの数。オタクはデバイスが多い。現在住んでいる1人暮らしの部屋は、家電やゲーム機、パソコン、タブレットなどで配線がえっらいことになっている。したがって新居も電源の数が気になるのである。古い物件は電源が少ない傾向にあるが、この家は築年数のわりに多めで安心した。

一方で、テレビのアンテナ線はリビングにしかつながっていなかった。けれど、我々はテレビよりネット配信ばかり観ているタイプ。なので、リビングだけでも無問《モウマン》題《タイ》だし、私の所有する全録レコーダーを使えば観たいテレビ番組を見逃すこともない。

我々にとってリアタイ視聴が必要なものといえば、当時放送が予定されていた『あんさんぶるスターズ！』のアニメくらいだ。しかもこの時点で延期につぐ延期になっており、はたして放送されるのかという心配すら出てきていた。あとは音楽番組に推しが出るだとか、そういう突発的なケースが多そうだから、チャンネル争いで殴り合いになることはないだろう。

話がそれた、戻そう。リビング隣の8畳には、本棚のような棚がつくりつけられており、書斎っぽさもある。ぐるっとひとまわりしてみて、全体的に「なにか文化的な仕事をしてそうな人」が住んでいた空気を感じるので、我々はこの一軒家を〝文化的なハウス〟と呼ぶことにした。

完全に「この〝文化的なハウス（仮称）〟に住みたい……」モードになっている我ら。不動産業者も「ここの家主さんはかなり寛容だから、友人同士でも審査通れば大丈夫だと思いますよ」と言う。ウッ、審査……。私と丸山さん、フリーランス2名のテンションが、一気に現実に引き戻される。

が、ダメ元でも入居申し込み自体はタダだ。なにより「ここに住みたい」という気持ちが強かったので、入居を申し込んだ。帰宅後もみんなで相談するために動画を撮影する余念のなさを発揮しつつ、〝文化的なハウス（仮称）〟を後にしたのであった。

しかしながら、ここでトラブルが発生。三上さんの親御さんが、ルームシェアに反対を表明したのだ。

30代からのルームシェアと結婚の壁

「〝家を出ろ〟と言ったのは自立や結婚をして出ていくという意味で、友人同士のルームシェアは認めない」

それが親御さんの言い分だそうな。ほ〜ん。その発想はなかっ……いや、普通にあるわ。ありふれてますわ。

私は早くに家を出たこともあり、あまり親にあれこれ言われたことはない。今回のルームシェアについても、一応伝えたところ「好きにすれば（笑）」程度の反応だった。だけど「実家を出る」というのが親にとっても一大イベントであることはわかる。どこの馬の骨ともわからない、中年女性ハウスにやるわけにはいかないでしょうよ。

やむなし、こちらもそこで親御さんと戦う理由はない。「ごめんなさい」と謝る三上さん、「まあ、こちらもコトを急ぎすぎた」と残りの3人。さ〜て、どうしたもんかな～。

3人で討議して、

・増員を検討
・3人向けの物件を探す

の選択肢、どちらも視野に入れつつ探していきましょうという話でまとまった。
「そういえばあの人、今の部屋家賃高いって愚痴ってたな～」と、まず思い当たったのは、何度か一緒に仕事をしたことから友人関係になった同年代の編集者・夢宮さんだ。大手出版社に勤務するバリキャリでお給料は良いものの、2・5次元舞台のチケットに収入の多くをぶっ込んでおり、家賃が結構な負担になっていると聞いていた。

私「前に『今住んでいる部屋の家賃高い～』って愚痴ってたじゃん。ルームシェアをしようと思うんだけど、どうですか？」

夢宮「いいなあ！　でもその生活、絶対婚期逃すから遠慮するね！　私、まだ結婚諦めてないから！」

そうだそうだ、忘れてた。彼女は2・5次元舞台沼と並行して、婚活沼の住人だったのを思い出した。たしかに、男女がねんごろ（言い方～）になるには、チャンスの場所は多いほうがいい。友達と一緒に住んでいると、ねんごろ前提の「ウチくる？」へは踏み込みにくい。婚活には不利に働く可能性は高いだろう。

私「そっか～、じゃあ仕方ない。家が決まったら遊びに来てね～」

夢宮「うんうん！　絶対行くね！　あ、そうだ！　奇跡的に『A3！』舞台のチケットが2枚取れたの！　転売はしたくないから、一緒に行かない？　今の推し（俳優）が推し（キャラ）をやるの～～～！」

貴様、絶対婚活真面目にする気ないだろ。

それはさておき、アラサー・アラフォーがルームシェアする場合、たしかに結婚願望の有無は、ネックになるのかもしれない。第1章で書いた通り、私自身は現状あんまり恋愛に乗り気でないし、角田さんや丸山さんも人生において恋愛の優先順位自体が低いタイプだ。これは体感ベースにすぎないが、オタクがルームシェアネタで盛り上がりがちなのは、恋愛や家族をつくることの優先順位が世間一般の平均よりも低い傾向にあるからかも……？　当然、マンガ『海月姫《くらげひめ》』のように男子禁制というわけでもなく、「人による」案件ではあるが。

マンガ『地獄のガールフレンド』では、ルームシェアした女たちがそれぞれの価値観で異性の話で盛り上がっていたけれど、そういう感じにはならなそうだなぁ。とかいって、この中の誰かが急に恋に落ちたりするのも面白いとは思うけど（だからすぐ〝面白〟で判断しようとするな）。

その後も何人かに声をかけてみるも、「人の気配がするのは無理」「以前に金銭面で揉めてルームシェアを解消してしまった」などの理由で断られ、なかなかうまくいかない。

4人が難しいとなると、5LDKの〝文化的なハウス〟では部屋を持て余すし、1人頭の負担額が想定予算を超えてしまう。そういうわけで、同時進行で3人用物件を探すが、正直「なんの成果も!!　得られませんでした!!」状態が続いていた。

３人×６万円とすると、18万円の３ＬＤＫしか借りることができない。賃貸情報サイトを見た限りでは、４人×６万の24万４ＬＤＫのほうが確実に部屋のグレードが良い。４人想定で探していた時期よりも条件の悪い物件ばかりがヒットし、テンションが下がる。それに、なにより例の〝文化的なハウス〟が良すぎたのであるよ。

一度、山手線沿線の一軒家で良さげな物件が見つかり、即座に内見に向かったこともある。物件はたしかに良かったが、隣の家がどう見ても廃墟。窓ガラスは割れているし、こっちのベランダに蔦が侵食してきそうだし、夏は虫がやばそう。隣家の扉には、意味のわからない怪文書のような紙がべったり張り付いている。むしろ、廃墟じゃなくて人が住んでいるほうが怖いわ。

そりゃあ借り手がつかないね、隣の家がヤバいというトラップもあるのねと、トボトボ帰路につくのであった。

丸山「うぇ～ん、〝文化的なハウス〟に住みたいわ～」
角田「住みたいねぇ」
私「誰かいないかなあ」

電車の中で、思わず〝虚無〟になる我々だった。

おもむろにスマホを取り出し、ツイッターを見たりソシャゲの周回をしたりしていたところ、同じくスマホをながめていた角田さんがぼそっとつぶやいた（ツイッターではなくリアルで）。

「星野さんはどうかな？」

これは我々にとっての桃園の誓いである

星野さんは北関東在住で、たまに都内の同人誌即売会で上京してくるソシャゲのオタクだ。私も何回かお茶をしたり、お互いの推しのぬいぐるみを交換したことがある。角田さんとは観劇方面で趣味が合うらしく、私よりも仲が良かったと記憶している。

たしか職場も北関東だったような？

角田「いや、星野さんは最近転職したんですよ。都内の会社に」

私「なるほど？」

角田「こないだ会ったときに『通勤に2時間近くかかって大変だ』って、こぼしてましたね」

丸山「そらワンチャンあるのでは？」

それはワンチャンありますな。早速、角田さんからルームシェアの話をもちかけてもらったところ、「気になります」と返事が来た。ヤッター！

ちょうど週末、角田さんと星野さんは観劇に行く約束があるという。「善は急げ」とその日に話し合いの場を設けることに。会場近くの小ぎれいな喫茶店に集合した我々は、神妙な面持ちで、「我々は、この物件に住みたい。しかしながら欠員が出てしまいました。いかがでしょうか」と話を切り出した。

星野「たしかに、最寄り駅は今の職場から電車で20分くらいですね。今は2時間近くかけているので、そのあたりに住めるならいい話です。ウチの会社、転勤はあるっちゃあるけれど、向こう数年は私には回ってこないと思います」
角田「駅から少し遠いけれど、最寄り駅行きのバス停からは徒歩3分、駅前には自転車置き場も豊富なようです」
丸山「ちなみに、内装はこんな感じ（内見で撮影した〝ハウス〟動画を見せる）」
私「家賃は21万円です。単純に4人で割ると5万円ちょいですが、家にいる時間の長い、我々フリーランスが多めに払うつもりではあります」
星野「ほほう……」
私・角田・丸山「いかがでしょうか！」
星野「両親に相談したいので、一度持ち帰っていいですか？」

「両親」というワードに、ちょっとビビる3人。これぱっかりはなにもできないので、待つしかないのであった。

数日後、「星野さん、親OKだって！」と角田さんからLINEがきた。ソッコーで通話に切り替え、不動産業者に「あの部屋、まだ空いてますか？」と、電話をかける私。「空いてます！」はいキタ！　再びLINEに切り替える。

私「まだ空いてるって！」

丸山「よっしゃ！　ワンチャンあったで！」

角田（『カイジ』の圧倒的感謝っ……！スタンプ）

私「星野さんをこのグループに誘いましょう」

星野「よろしくおねがいします」（『あんさんぶるスターズ！』氷鷹北斗《ひだかほくと》今きたスタンプ）

丸山（『おそ松さん』十四松と聖澤庄之助《ひじりさわしようのすけ》家宝にすっぺ～スタンプ）

3人だったLINEグループは再び4人になった。そして、各々の歓喜を表現するスタンプが投下される。これが我々にとっての桃園の誓いですわ。1人多いけど。

こうやって書いていくと、いきあたりばったりなメンバー募集のように見えるかもしれない。でも、私自身の中ではゆるゆるながらも一定の基準があった。

三上さんも含めて我々は、ｍｉｘｉやツイッターでなんだかんだ10年くらいはつながっている。年単位の長い間、ＳＮＳを見ていると、好きなものや推しはもちろんだが、コミュニケーションのとり方、時事ニュースに対してどんな反応をしているかなどで、ある程度の人となりは伝わってくる。たとえば、同じ趣味を持っていたとしても、ゴシップネタにやたらと言及するタイプや推しに対してすごく失礼なリプライをしているタイプとは、ひとつ屋根の下で仲良くやっていけるとは思えない。

この時点で、自分も含めて、「この人はなんとなく大丈夫なんじゃないかな」というコンセンサスは共有されていたように思う。大親友のような固い絆で結ばれてなくても、「暮らす」分には、最低限の価値観が近いだけでなんとかなるように思えたのだ。

あの秋の夜泣きから2カ月もしないうちに、とんとん拍子で話が進んでいる。そういえば最近、寂しくて泣くこともなくなったな。

初めて知る、みんなの本名

いざ〝文化的なハウス〟の入居申し込みをすべく、不動産業者にメールをしたところ、まずは必要な情報を書き込んでほしいと、ＰＤＦが送られてきた。

（1）入居希望日
（2）入居者全員の氏名・住所・電話番号・年収・勤務先
（3）契約名義人を1名決めて、その人の名前を記入
（4）その1名の身分証明書のコピーも添付

ＬＩＮＥで各自に必要事項を伝えて、それぞれから返信が来る。

実は、このときまで本名を知らない人がいた。これまでずっとハンドルネームでお互い呼び合ってきたからだ。失礼だが、予想外の名字に驚く。本名のほうがペンネームみたいな人もいるもんな。こんな展開でもなければ、ずっと知らないままだったかもしれない。そんな相手と一緒に住もうという感覚は、もしかしたら理解できない人もいるかもしれない。でも前章で書いた通りＳＮＳを通して人となりは把握していたし、私はそれでまったく問題ないと思っていた。

それよりも、みんなの年収をこんなところで知ってしまうことのほうが、なんとなく申し訳ない。が、これぱっかりは仕方がない。すまん。

メールには、保証会社の審査が必要だとあった。そういえば、内見したときも「この家主さんは、保証会社の審査を通るのであればどんな人でも大丈夫ってタイプなので」と言われていたな。

審査とはなにか。辞書をひくと、「詳しく調べて、採否・適否・優劣などを決めること」とある。つまり、我々が月額21万円の家賃を滞りなく払えるか、なにがしかの基準に従って判断されるわけだ。

不動産業者からは、保証会社2社のうちどちらを利用するか選ぶように、資料が届いていた。片方は審査が厳しめで料金が安く、もう片方はその逆だった。書類のスクリーンショットをLINEグループに送り、みんなの意見を聞く。

丸山「安いに越したことはないがな」

私「じゃあ安いほうの会社にしましょうか。言い出しっぺだし、私が契約したいんですよね。フリーランスだから通るかどうかわからないけど、一応最初は私でもいいでしょうか」
角田「藤谷さんで審査弾かれたら、転勤のない会社員ですし、私がやりますね」
星野「私もそれで問題ありません」
私「ウッ、すまねえ……私が四天王の中でも最弱……」

こうして、我々の審査チャレンジが始まった。

保証会社にはいろいろあるらしい。連帯保証人は必要なかったり、契約者以外のルームシェアメンバーが保証人になれたりするケースもあるようだが、我々が選んだ会社は住人以外の保証人が必要だった。

これまでも大抵は親を保証人にしていたし、親一択ですわな。案の定今回も快く受けてくれたので、サクッと書類に親の連絡先を書き込み、提出。あとは返事を待つばかり……が、通らず！　そんなー！　保証会社に電話口で共著のタイトル（『すべての道はＶ系へ通ず。』）まで読み上げさせられたのに！

不動産業者いわく、「藤谷さんはフリーランスですし、おそらく連帯保証人が社会保険加入者でないとＮＧなのかもしれないですね」。なるほどですね～？　ウチの父親、定年退職して、悠々自適な自営業にクラスチェンジしておりました！

　そうか……これまでの賃貸借契約は、父親が会社員だったから審査に通っていたのかしら。

　次の選択肢としては、ほかのルームシェアメンバーが契約者になるｏｒ私が別の保証人を立てるの二択。

　やっぱり私が言い出しっぺだし、誰かに責任を背負わせるのは気が引ける。せっかくだから、後者を選ぶぜ。ということで、後者の道へ。４人姉妹の中で唯一の正社員である三女に、ダメ元で頭を下げたのであった。親よりも妹に頼むほうがハードルの高さを感じるのはなぜなのか。

　この三女は、私が上京した当時、生活の方向性の違いで電撃解散した妹である。一緒に住むのに向いてなかったというだけの話で、なんだかんだでたまにご飯を食べるくらいには関係は良好だ。三女は私と違って人がいいから、断りはしないだろうと予想してはいたが、ＬＩＮＥで「へー、今度はルームシェアなの？　面白いね！　保証人？　いいよー」と即答され、ハードルの低さに逆にビビる。保証人の意味わかってんのか（ありがたいけど）。お姉ちゃん、うっかり家賃滞納しないようにがんばりますね。

妹のおかげで無事審査通過！　テッテレ～！　……しかし、このシステム、ひとりっ子は相当不利じゃね？　もちろん保証人は親以外でもなろうと思えばなれる。でも現実問題、買って出てくれる人なんてなかなかいないだろう。少子高齢化の進む社会で、今後問題になってくるのでは。もうなってる？

ともあれ、審査が通ればこっちのものである。待望の契約へコマを進めることができる。

この時点では、総額21万円の家賃をどう各自に割り振るかは決めていなかった。だが、どう考えても今の１Ｋ８万５０００円よりは安くなるし、住環境は大幅に改善するはず。ルームシェア志願の第一の理由である「生活コストの低下」はクリアである。テーレッテレー。

「言ってみるもんだね」を積み重ねる

と、その前に、ちょっとした問題が発生した。星野さんの会社には、福利厚生として家賃補助がある。条件は「本人か、配偶者や家族が契約している賃貸住宅であること」。ほーん。このルームシェアは、ひとつの家に4世帯という扱いとなる。私の名義で契約すると、家賃補助の対象にはならないわけだ。ガックリと肩を落とす星野さん。

星野「賃貸借契約書に名前が載ってないと、私が家賃を払っている証拠にはならないんだそうですよ！」
丸山「御社ァ！」
私「フリーランスが長すぎてそこまで想像できなかった」
角田「さすがジャパニーズ・トラディショナル・カンパニーですね」
星野「弊社、頭が固すぎるんですよ」

つまり、この条件をクリアするには、4人全員が契約者となり、それぞれが家賃を分担することを明記した書面をつくらねばならぬということか？　え、そんなことできるの？　不動産業者にダメ元でたずねたところ、「それは難しいですね」と返事が来た。デスヨネ～。

「あらかじめ１人分の家賃の支払額を決めて契約をしてしまうと、誰かが抜けてしまった場合でも、残った人数分の家賃しか払わなくてよいことになってしまいます。それは家主にとって不利に働くので」。デスヨネ～。

私自身はジャパニーズ・トラディショナル・カンパニーに勤めた経験はないけれど、福利厚生は充実していても、そこからこぼれ落ちる人へのフォローがないなら意味がないんじゃないか。あんまり納得いかないな～。

どうにかする方法はないのか？　星野さんが社内規定を確認したところ、家賃補助を受けるのに必要な書類は「賃貸借契約書もしくはそれに準じるもの」とある。じゃあその「準じるもの」があればええんやろ！　と、なかば逆ギレで家主と我々、不動産会社の三者で、支払い配分の承諾書の作成を決意。ルールを独自解釈して、理屈をこねるのはオタクの得意技だ。

家賃21万円の支払い配分は在宅時間を考えて、フリーランス組がちょっと多めに出すとして、私と丸山さんは６万円、角田さんが５万円、星野さんが４万円を負担すると決めた。なーに、広いキッチンと追い焚き風呂付き物件が、６万円で手に入るなら安いものよ。この書類をカンパニーに提出してターンエンド！

無論、この書類自体に法的な効力はない。しかしながら相手は法律ではなくて一企業だし、やってみるだけやってみよう。

当然これはこれで前例がないから、総務はかなり渋っていたという。しかし最終的に、申請は通ったとのこと。やったー！　言ってみるもんだね！

星野さんがなぜここまで粘ったかというと、最近社内で同じように「男性の育休取得は前例がない」と、育休申請を却下されそうになっていた同僚がいたのだという。彼は粘り強い交渉の末、晴れて育休を獲得したそうだ。そういう「前例」があったからこそ、ルームシェアの家賃補助も、交渉すればいけるのではないかと思ったのだそうな。身近な会社を少しずつ変えていくことで、社会が風通しの良いほうに変わっていくかもしれない。不動産契約を通してそれを感じるとは。

「言ってみるもんだね」といえば、契約年数もそうだ。この物件は都内の賃貸のセオリー通り、2年間の定期借家契約（※再契約は可能）だったのだが、万が一2年契約で終わってしまった場合、次の引越し資金などを考えたらコストパフォーマンスが悪い。

そこで、これまたダメ元で不動産業者を通して「長く住みたいので、契約期間をもう少し長くしてもらえませんか？」と家主にお願いしたところ、あっさり3年間の契約に変更できたのであった。祝いのスタンプが連投されるLINEグループ。今後のルームシェア生活も、「言ってみるもんだね！」を積み重ねて、快適にやっていきたい。

そうこうしている間に、年末が迫ってきてしまい、実際に契約書を取り交わすのは年明けに持ち越しに。ひとまず各々の引越し準備や、新居の家具選びなどをして過ごそう、となった。LINEで入居時の相談をしながら、もう共同生活が始まっているであろう、来年の話で盛り上がる。

星野「もうすぐお正月ですね」
角田「来年のクリスマスはツリー買います？」
私「むしろ門松を買うというのは？」
丸山「しまう場所ォ――！」

職業上、年の瀬はどうしてもバタバタしてしまう。年末進行と引越し準備でスケジュールが壊滅状態だったけれど、気分は明るかった。ちょうど1年前の今頃はパートナーと別れ話をしたばかりで、メンタル的に最悪な中、年明けに引越しを控えていた。同じ年明けの引越しでも、今回は「楽しい引越し」なので、人生が一歩進んだように思った。

君は友人から75万円預かったことはあるか

契約は1月の17日、入居は25日となった。

初期費用は、ひゃくとんでさんまんよんせんにひゃくじゅうきゅうえ〜〜〜ん！（※103万4219円）である。4分割すれば約25万円なので、1人暮らしの引越しよりはやや安いくらいなのだが、やっぱり額面にビビる。オタクはよく100兆円とか口にするけれど、その1億分の1である100万円だって十分重たい。星野さんは少し遅れての入居になるので、初月の家賃分だけは3分割で負担して、契約日までにそれぞれの合計額を私の口座に振り込んでもらう。

　友人同士のお金のやりとりは、チケット代の立て替え、グッズや同人誌のおつかいなどで経験はあれど、今回は文字通り桁が違う。下手したら2桁違う。他人のお金を数十万単位で預かっているのは、プレッシャーがすごい。契約当日〜〜早く来てくれ〜〜！

　そして迎えた当日、私はよりによって高熱を出していた。肩の痛みも相まって、体中がギシギシしている。正直家で横になっていたいが、なにしろ契約名義人であるし、さすがに全員揃ってないとまずかろうと、意識が朦朧《もうろう》としたまま縦になると、不動産会社に向かった。

　全員が無事揃ったところで、不動産業者から、前回の内見と1名メンツが異なることをツッコまれる。このルームシェアにはメンバーチェンジの可能性もあると事前に伝えてはいる。でもこの時点で違ってるのはたしかに怪しさがあるかもしれない。というか、そもそも先に伝えておくべきだったね！　テヘペロ！「これから急に変わることはないので」と平身低頭で弁明する我々。

全員で契約書を読み合わせ、齟齬《そご》がないかどうかを確認する。厳かに契約書に判子を押し、手続きはつつがなく終了。お金を、お金を振り込まなければならない。みんなが固唾を呑んで見守る中、店のカウンターに座ったままネットバンキングで約100万円を振り込もう……、あれ？　できない。なぜだ。確認すると、振り込み可能金額上限にひっかかってしまっていたらしく、いそいそと設定をし直す。秒速で残高が変わる経験はなかなかなかったので、謎に呼吸が浅くなってしまった。恋かな？

当初は「全部クレジットカードで払ってポイントでルンバ買おうぜ～」とか企んでいたが、この不動産業者はクレカ決済対応してなかったので残念。ああルンバ～。

その後は「エアコンのない部屋があるが、勝手につけて良いのか」だとか、「内見時にお風呂の換気扇から異音がしたので見てほしい」だとか、細かい注文を伝える。私以外のメンバーは店を出たその足で、窓の大きさや洗濯機、冷蔵庫の幅などを採寸しに〝文化的なハウス〟へ。私ですか？　当然病院に向かったよ！（インフルエンザだった。みんなにうつさなくてよかった）

その日の夜、契約の喜びと、今後のことをＬＩＮＥ上で話し合った。

角田「契約、無事終わってよかったです」
私（『ポプテピピック』ポプ子の「フォーウ」スタンプ）
丸山「やった〜」（『キンプリ』ヒロ様無限ハグスタンプ）
星野「私はちょっと入居が遅れるんですが、よろしくお願いしますー」（『おそ松さん』の土下座スタンプ）
私「あ、住みはじめる前にちょっと確認なんですけど、繁忙期は夜中というか明け方まで仕事してると思うので、気になるようなら言ってください」
星野「私が隣の部屋になるけど、あんまり気にしないと思いますー」
角田「リビングの隣が丸山さんの部屋だから、夜遅く帰ったときは生活音に注意しますね」
丸山「どうしても気になるようなら、耳栓買いますわ」
角田「私からは、お風呂が1時間以上かかることを伝えておきます。休日は2時間くらい」
私「フリーランスはいつお風呂に入ってもいいから、時間ズラせば大丈夫！　あと私、よく電気の消し忘れとかドアの閉め忘れがあるから、なるべく直しますね……」

丸山「電気は私も忘れる。この家のコンロはＩＨだから火事は大丈夫かな」
星野「そういえば私……（以下略）」

徐々に、自分のダメなところを開示し合うセミナーみたいになっていきながら、夜が更けていった。私がインフルエンザで臥《ふ》せっている中、みんなが新生活の準備を進めてくれている。ひとりきりだとこうはいかない。メンバーチェンジがあったり一度は審査に落ちたりと、予想外のこともあったけれど、なんだかんだで走り出しは上々なんじゃないかな。熱は下がらないけど、気持ちは穏やかだ。願わくば、今後もゆるゆると物事を進めていきたい。

朝まで生討論（嘘）！
ソファ要る要らない論争

家は決まった、ここを本拠地とする。次は中身をつくっていかなければならない。

家具選びの手はじめは、リビングからになった。みんなが集まる場所なので、どんな部屋にしたいかのすり合わせは必要だ。

私「リビングの照明を黒いシャンデリアにしたいんですが。根がヴィジュアル系なので……」

角田「それは掃除が大変」

私「ダメかな？（笑顔）」

丸山「アカンで（笑顔）」

星野「ダメです（笑顔）」

多数決によって、Ｆｒａｎｃｆｒａｎｃのシンプルなものに決まった。べ、べつに私も本気で黒いシャンデリアにしたいわけじゃなかったんだからね！

丸山「で、藤谷さんはどんな部屋にしたいん？」

私「ン〜、シンプルな感じ？　具体性まったくなくてスマン」

デザインを学んでいた経験がある丸山さんが、いくつかの部屋画像をＬＩＮＥに投下し、説明をしてくれた。

丸山「これがミッドセンチュリー、これがインダストリアル、これがカントリー」

私「ふむ……。完全にこれっていうわけではないけど、ミッドセンチュリーがいいかなー」

角田「飽きのこないデザインがいいですね」

星野「照明のデザインと合わせる感じがいいかもですね」

結局、Ｆｒａｎｃｆｒａｎｃやニトリを使ってできる範囲でミッドセンチュリー（風）を目指そうという話に。

リビングの面積を大きく占めるであろうダイニングテーブル選びでは、フリーランス組と会社員組の感覚のすり合わせが必要になった。フリーランス組としては、リビングは仕事もできる場所にしたく、できれば縦幅１８０センチは欲しい。対して会社員組は、「それだと動線が悪くなりそう」という。間を取って、１６０センチに落ち着いた。ダイニングチェアも仕事で長時間座ることを想定して、クッションがしっかりして、なおかつ手入れがラクな撥水性のある素材のカバーのものに決めた。どちらもニトリである。さすが、〝お、ねだん以上。〟。

ただし、なんらかのミスなのか、そもそもそういうものなのか、ダイニングセットは入居日から大幅に遅れて到着することがのちのち発覚した。つまり1カ月ほど冬の激寒いリビングに座り込んで食事をとる羽目になったこともお伝えしておきたい。〝お、ねだん以上。〟……。我々がちゃんと確認してないのが悪いんだけどね！

14畳のリビングは、なにもないと広く感じる。「ソファあったらいいね」だとか、「実家に持て余したマッサージチェアがあったかも、置けますかね」と盛り上がっていたが、これは以前の２人暮らし時代に、広めのリビングのある部屋に住んでいた私が反対。

私「ソファはぜっっっっっったいに、荷物置きになる!!」
丸山「なるかな？」

私「なるね！　っていうか、私がする。ダメと言ってもすると思う。私はそういう人間だから」
星野「今実家にソファあるけど、たしかに家族はいろいろ置いてますね」
私「丸山さんの作業スペースもあるから、一度ダイニングセットを置いてから、次になにを購入するか考えたほうがいいです（迫真）」
角田「なるほど」

実際に住んでみた結果、リビングはダイニングセットのみで十分だった。間取り図だけだともっといろいろ置ける気がしたけれど、人の動きを考えたら、家具は少なめに見積もったほうが良い。ただ、来客用の椅子も必要だということで、似たデザインの小さめの椅子を2つ購入。普段はリビングのおやつコーナーや、届いた郵便物を置く台として利用されている。

そして、人が4人も暮らすとなると、細々した共有物が発生する。

角田「私、腰痛が怖いので、お風呂の椅子は足の高いものにしたいです」

丸山「私も希望を言ってええかな？　洗面器は吊るせるやつがいいです」
私「そういえばお風呂のフタ、内見したときは見当たらなかったっすね」
星野「それも掃除がラクなものがいいですね」

というわけで、お風呂セットは、洗面器やスポンジ含めて、〃絶対に水垢ぬめりをつくらないセット〃とでもいうべき、吊るしまくり浮かせまくりの状態になった。たしかに掃除はすごいラク！

傘立ても購入した。玄関も広いし人数も多いので、これまで使っていたものは使えない。

星野「1人1本なら4本用？」
角田「来客やビニール傘を買って帰ることも考えたら、多いほうがいいのでは」
私「傘立て、家族用より大きいサイズを探すと、すぐ業務用になってしまう。36本用とかいらんがな。事務所か」

探すうちに、楽天にて安価な10本用のものが見つかったので、満場一致でそちらにした。

こうやって話を進めていくと、小物ひとつとっても、思いがけないこだわりを持っている人がいたりする。みんなから見たら、私もそういう部分があるんだろうし。他人同士だからこそ、話し合いを重ねていくべきだなぁと、あらためて感じた。

家具家電の購入品の精算は、表計算のできる星野さんが、買ったものをそれぞれ入力すれば、最終的に誰がどのくらい払えば良いのか、自動的に計算してくれるグーグルスプレッドシートをつくってくれた。ありがとう星野さん、ありがとうグーグルスプレッドシート。

大きな出費としては、リビングの14畳用のエアコンが24万円くらい。ウッ高い。幸いなことに、買わなくて済んだ家電や家具も意外と多かった。リビングのテレビは「自分ではほぼ使わないから」と角田さんから提供され、洗濯機、電子レンジ、炊飯器は、前年の引越し時に買い換えたばかりだった私のものをそのまま使う。冷蔵庫は「ちょっとしたパーティー」グループの友人が「もっと大きいのに買い換えるから」と、400Lサイズのものを譲ってくれたし、テレビ用の台も、丸山さんの友人が不要になったものを家まで持ってきてくれた。

長く友人関係を続けていると、互いのライフステージの変化によって、必然的に距離が空いてしまうこともある。だけど、こういうときにみんなが（物理的でなくても）集合してくれて、いろいろ面白がってサポートしてくれるのはありがたいことだと感じる。

新居でテンションHiGH&LOW

引越しの前に、各々の個室の部屋割りをする。この一軒家は、1階にリビングと8畳の部屋、2階には南側に収納付きの7畳、収納なしの7・5畳と6畳、そして北側に6畳と合計5部屋がある。

リビングの一角を作業スペースにしたい丸山さんが自動的に1階の8畳へ。私は壁に本棚を置きたいので、収納があるとむしろ邪魔。というわけで、みんなが希望していない2階の収納なし7・5畳へ。あとはジャンケンによって、角田さんが7畳、星野さんが6畳部屋となり、残った北側の6畳は共同の倉庫部屋という振り分けになった。この部屋割りゆえに、星野さんは家賃がやや安くなっている。
続いて、引越し日の調整だ。遅れて入居する星野さんを除外して、３人それぞれの日取りを決めなければならない。かち合ったら大混乱待ったなしなので。
私「入居日は1月25日（金曜日）なので、平日動ける私か丸山さんの引越し日にしましょうか。で、角田さんが土日で引越す」
角田「私はそのほうが助かります」
丸山「金曜日は仕事のスケジュール的にちょっと厳しいんで、月曜日がええんやけど」
私「じゃあ私が金曜日に、業者に鍵もらってから引越しますね。その日に水道やガス開栓の立ち会いもしちゃいます」
星野「任せっぱなしになりますけど、よろしくお願いします〜」（『いらすとや』ペコリスタンプ）
それからしばらくは、各自引越し準備に勤しんだ。私は前回の引越しのときにもお願いした近所の業者に依頼し、「1人暮らしのモノの量じゃないですね」と言われながらも、荷造りのお手伝いまで含めて7万5000円也でおさまった。肩を傷めている身には、荷造りお手伝いサービスがありがたい。「電話NGって記入してるのに電話してくんな引越し見積もりサイト!」と丸山さんがキレていたり、「エレベーターなし3階から自力で大型家電捨てるの無理ゲー」と角田さんが嘆いていたり、てんやわんやの様子が毎日LINEグループに流れてくる。なお、丸山さんも角田さんも、引越し時の荷物量にツッコミが入ったらしい。

そして最初の入居者である私の引越し当日。一軒家への引越しは初めてだったので私の指示がおぼつかず、古い物件だったこともあってか、業者さんが階段や廊下の狭さに戸惑う一幕もありつつ、夕方には無事終了した。同時にあらかじめ期日指定しておいた、お風呂グッズや傘立てなどが届いたので設置。写真におさめてLINEグループに投下する。

私「このように配置しました」

丸山「オッ『家』やん」

角田「ありがとうございますー」
星野「こうやってみると、現実味がわいてきますね」

たしかにアイテムが揃うと、「家」って感じがしてくる。しかも、ひとりだとすっごく広く感じるので、「わ～い新居だ～！」と、無駄にリビングで前転したりゴールデンボンバーの「女々しくて」を踊ったりするなど、ひととおりはしゃぎ終えると、もう日は暮れていた。……って寒ッ！　ウワッ、寒ッ！　大事なことなので2回言いました。

1月末の古い木造一軒家、人気《ひとけ》がないこともあり、夜になると床から冷気が伝わってくるので、めちゃめちゃ寒いです。室温的には、実質野外。なんだか自室のエアコンの利き具合も悪いように感じる。気分の盛り上がりと部屋の寒さの違いに、テンションがまさにＨｉＧＨ＆ＬＯＷ。その日は自分の荷解きもそこそこに、布団にくるまってブルブル震えながら寝た。体は冷たいが、これから始まるであろう新生活のワクワクで、気持ちは温かかった。

土日は角田さんの引越し作業。なんとお母さまも手伝いにいらっしゃった。自分の親はともかく、ほかのみんなの親御さんはどう思っているのか不安だった。でもお母さまはかなり面白がっているご様子で、少し安心したのであった。一緒にレンジ台を組み立てたよ！

月曜日には丸山さんが引越してきたのだが、やや浮かない顔をしている。わけをたずねると、前日、ジャニーズファンの友人に引越しの荷造りを手伝ってもらっていたのだそうだ。そう、２０１９年1月27日は、嵐が活動休止を発表した日である。茫然自失となる友人。沈痛な面持ちで一緒に荷造りをしたのだそうな。それは誰も悪くない。

なお、ここまで全員、引越し業者から「ルームシェアなんて珍しいですね」ともれなく言われている。そんなにも珍しいのだろうか。

3人になった月曜の夜は、リビングの床にお菓子を広げて、簡素ながら祝杯をあげた。これからゆるゆると仲良く暮らしていけたらいいよね。やっぱり床はめっちゃ冷えるけど！　この物件、リビングにもガス栓がついていたので、早速ガスファンヒーターの購入を検討事項にぶち込んだ。

次の日の朝、角田さんが出勤するときに、この家にはまだ表札がないことに気がついた。出勤の道すがら、ＬＩＮＥを送ってくれる。

角田「そういえば、表札はどうしましょう？」
私「あ、すっかり忘れてた」
丸山「石に彫ってるような豪華なヤツにしよかｗ」
私「それに全員分の名前入れて」
星野「でも、それだと万が一、誰か抜けたとき面倒ですよね」
私「マジレスですな」

結局、１人１枚でマグネット式の表札を作成。４枚をポストにぺたりと貼ると、〝文化的なハウス〟が、正式に我々の家になったような気がした。

漂う圧倒的実家オーラ

その後、星野さんも無事入居。懸案事項だったダイニングテーブルも到着。セッテイングが終わり、その晩さっそく全員揃ってテーブルを囲んで晩ごはんをいただく。

私「焼き肉だ〜〜〜〜〜〜！！！！（紅だ〜〜〜〜〜〜！！！！）」

新品のテーブルにホットプレートがドンと載る。自宅焼き肉祭りの開催である。奮発して牛肉が中心だ。とはいえさほど脂の食えないお年頃、野菜も多めのヘルシーな祭りになっている。Ｘ ＪＡＰＡＮを引用するほどのテンションではないかもしれない。

丸山「肉を焼くぞい」

私「野菜うまい」

星野「いきなりリビングに煙充満しちゃってますね（笑）」

私「野菜うまい」

角田「お肉も食べましょうよ」

そういえば、この家は酒豪はいないなぁ。それも、このメンバーになった理由のひとつかもしれないな、とあまり飲めない私は烏龍茶片手に思う。みんなはお酒は飲むけれど、どちらかというと味わって飲むタイプの人たちなので、キッチンにはリキュール類や外国の変わったビールが置いてある。私も今度ちょっとだけ飲ませてもらおう。もちろん、人にむりやり飲ませる人もいないし、各自で好き勝手に食べたいものを焼いて自分のペースで食べる、奉行も絡み酒もいない焼き肉は気楽で楽しい。

食後のアイスを堪能していると、角田さんが「言っていいですか」と切り出した。

角田「あのー……なんかこの家、実家っぽくないですか」

私「（食い気味で）わかる」

丸山「それな」

星野「私まだ来てから数日だけどめっちゃわかります」

そう、このリビングがどうにも〝実家〟っぽいのだ。

もちろん実際の実家とは間取りもなにもかも異なっているのだが、概念としての

〝実家〟っぽいというか、小学生時代の友達の家っぽいというか。ドアノブの形だったり、備えつけの間接照明のデザインだったり、細々《こまごま》としたパーツのディテールが絶妙に古いので、それゆえ安心感のある雰囲気が漂っている。予算と相談して考え選び抜いたデザインの家具も、この実家オーラにすっかり呑まれてしまっている。これはこれで居心地がいい。

第3章

春夏秋冬
ルーム
シェアリング!

〝推しハウス〟新規ハイと家事の解釈違い

オタクの世界には「新規ハイ」という現象がある。新しいジャンルや推しにハマって、目にうつるすべてのことはメッセージ、気分がヒャッハー♪になっている感じといえばいいのだろうか。引越したばかりの我々は完全にこの状態にあったように記憶している。

私にとっては、実家から離れて初めての一軒家ライフである。広いリビング、ゆったり足を伸ばして入れるお風呂、日当たりの良いベランダ……私だけの収入で住める1人暮らし物件ではこうはいかない。前章でも書いたように、築年数をのぞいては文句なしの家である。入居当初はみんなで「いい家だ〜」「マジLOVE1000%〜」と声に出して言い合っていたほどに。

そんなLOVEい〝ハウス〟だが、どんな「推し」でも、気持ちを入れすぎるとよくない方向に働くこともある。推しに対しての気持ちがあふれすぎてコミュニケーション過剰になることは、なにかのファン、オタクをやっていたら、誰しもひとつやふたつくらいは経験があるはず。〝ハウス〟でもそれは勃発した。入居当初、「おうちをお手入れしなくては！」と、全員が妙に肩に力が入っていた。

ある日、自室を出ると、丸山さんが廊下を掃除していた。オッ、そこは私が昨日掃除したばかりの場所だ。

私「あ、廊下掃除、昨日やっちゃいました」

丸山さんは「あー、道理で。なんかきれいな気ぃしたんですよね」と手を止めた。

私「伝えてなくてすみません」

丸山「いえいえ、じゃあ今日は別のところやります」

別の日、お風呂セットのカルキ汚れを落としたいから、残り湯にクエン酸を入れて念入りに掃除しようかな〜とお風呂場に向かったところ、星野さんが残り湯を抜きながら掃除の準備をしていた。クエン酸の袋を持って現れた私を見て「わー、すみません！」と慌てている。「いえいえ、こちらこそ伝えてなくてすみません。明日やりますね〜」と先送りにした翌朝、角田さんがお湯を抜いていた（以下・繰り返し）。

ホウ・レン・ソウが破綻している。こうしたことが積み重なって、やっと家事のタスク管理をしようという話になった。やっぱりこういうことは明確に決めておかないと、二度手間になってしまうので。

星野「ここはやはり、アプリでやってみましょうか」
丸山「そしたらＴｏＤｏリストにする？」
角田「良さげなやつ探しましょうか」
私「了解ですー」

いろいろ比べてみて、複数人で共有でき、１日単位から年単位まで繰り返しで指定できるマイクロソフトのＴｏＤｏアプリその名も「Ｔｏ　Ｄｏ」（まんまやん）を採用した。

さらに大前提として、家事を減らすのは大正義だ。トイレスタンプクリーナーや使い捨てのトイレブラシを採用したり、キッチンやダイニングテーブルの台拭きは洗濯の手間を省くために使い捨てのダスターにしたり、頼れるところは文明の利器に頼っていこうというスタンスで意見が一致した。そうしてできたのが、こんなＴｏＤｏリストだ。

【毎日】
・洗面所、トイレ、キッチンのタオル類の交換
・風呂掃除
【3日に1度】
・台拭き用ダスター交換
・トイレ掃除
【週に1度】

・リビング、廊下など共有部の清掃
【1カ月に1度】
・水回りのクエン酸清掃
・ビルトイン食洗機の清掃
【2カ月に1度】
・洗濯槽クリーナー

最初の1~2カ月は、いろんな価値観のすり合わせにも時間を要した。推しに対して解釈違いが発生することは多々あるけれど、住まいに対してもそれは発生する。

角田「できれば日中、誰かいるときは、廊下と倉庫部屋の窓は開けたままにしてほしいのですが」
私「私いるときは開けときまーす」
丸山「調理酒、今は外に出してますけど、できれば冷蔵庫に入れておきたいんですが」

星野「みんなが問題ないならそれで！」

私「今度から入れとくわー」

細々したことは、各自でこだわりの度合いが違う。基本的にそれぞれに関して一番こだわりがある人に合わせましょう、と取り決めた。

こうしたすり合わせを重ねて、現状、家事に関しては誰がコレをやるといった指定はせず、その時々で手の空いている人がやればいいという形になっている。共同生活では、そのようにゆるい取り決めにすると、誰かがサボりがちになって別の誰かに負担が集中する場合があるとはよく聞く話だ。結果、負担の大きい人が不満を抱えてしまう、とも。

しかしこれは我々4人の特性なのか、オタクの特性なのかわからないが、むしろあんまり誰か1人に負担をかけないように、「いいよ、いいよ、私やるから！」みたいに率先してやりがちで、そして「今週私なにもしてない、ごめんなさいー」みたいなコミュニケーションが発生することが多い。これは甘えが発生するレベルの親友同士ではなく、いい意味で他人行儀な仲だからなのかもしれない。
と言いつつ、甘えによるであろうやらかしもあった。戸締まりである。っていうか犯人は私で、帰宅したときに玄関の鍵を閉めるのをうっかり忘れていた。しかも、2日連続で。
朝、自室でむにゃむにゃしていると、角田さんからＬＩＮＥが来た。我々はひとところに集まっていない限り、家の中でもＬＩＮＥで会話している。
角田「ゴミ出しに行こうとしたら、鍵が開いているのですが……」
寝起きの目が覚める。おそらく昨日最後に帰ってきたのは私のはずだ。
私「うわ、多分私です」
角田「ドアロックはかかってるけど、鍵が閉まってないと意味ないじゃないですか。昨日も、私が帰ってきたときに、鍵が開いてたんですよね」
私「すみません、多分それも私ですね。なぜなのか……」

一晩中鍵が開いていたことになる。不用心すぎる。１人暮らし時代は、けっして戸締まりを忘れたことはなかったのだが、漂う一軒家の実家オーラに呑み込まれたのか。「誰かがやってくれる」と、どこかで甘えてしまったのだろう。気を引き締めなければと、すぐに玄関のドアに「開けたら閉める！」と貼り紙をした。今でも貼ってある。

「『ポプテピピック』の皿以外捨てていいです」

引越しが終わり、しばらくして気がついたことがある。
……とにかく皿が多い。
食器や鍋のたぐいはシステムキッチン下部の引き出しに収納した。しかし１人暮らし×３人分を持ち寄って突っ込んでるので、すでにあふれてきているのだ。

私「皿、多くないすかね」
角田「正確にはタッパーが一番多いですね」
星野「菜箸も4、5セットありますね」
私「ピーラーも3つあるよ！」
丸山「ドラフトだ〜〜〜〜〜〜（紅だ〜〜〜〜〜〜）！」

まずは、どう考えても必要ない、黄ばんだジップロックコンテナやタッパーをゴミ箱にシュート。その後に各々のお気に入りの食器を指名し、それ以外は断捨離する。こんまり先生にならって、ときめかないものは捨てないと。土曜日の昼下がり、ダイニングテーブルに皿を広げて、みんなで取捨選択していく。

角田「えぇと、このお皿とこのコップはとっておきたいです」
丸山「うーん、どんぶりも残したほうがいいかな、ワイングラスは意外と使うからなぁ。ほかにはなんやろうな、ちょっと待ってな」

さすが、料理が好きな人は器にもこだわりがあるのだなぁ。えっ、私ですか？

私「私の食器は、この『ポプテピピック』の皿以外は、全部無印と100均なので処分してもらっていいです」

星野「判断が早い！」

3人のお気に入りを残してほかは捨て、普段使いの食器は食洗機対応のものをKEYUCAなどで4つずつ揃えた。同じ形で揃えたほうが洗うのも収納もラクなので。

といっても、揃いの食器が一斉に食卓に並ぶことはめったにない。それぞれ仕事やオタク活動で家を空けることも多いし、我々はその日の夕方に「当日券あるならライブ／観劇行こう～」と思い立ってしまう生き物である。したがって、料理当番は決めていない。

誰かが家にいるとき、「つくりすぎちゃったけど食べる？」「食べる～♡」ということは多々あれど、〝義務〟は増やしたくないのだ。家に帰ってきたら料理があるのが当たり前でない状態のほうが、我々にとっては気がラクだし、「夕飯があればラッキー」「喜んでくれたらラッキー」くらいの距離感で食事を振る舞ったり、振る舞われたりするのが精神衛生上一番良い気がする。

私も、「今日は全員揃っているし、たまにはみんなに夕飯を振る舞っちゃおうかな〜」とカレーをつくった日があった。だが、1人暮らしの頃の感覚のまま目分量で4人分を錬成したせいで、鍋いっぱいのカレーが爆誕。炊き出しか！

みんなが「いいよいいよ」と慰めてくれた次の日、今度は丸山さんが、やっぱり曖昧目分量で鍋いっぱいの豚汁を錬成したのであった。炊き出しか！

食材のダブりも発生する。近所のスーパーに寄ったときに、気を利かせたつもりで豚バラ肉を買って帰宅すると、星野さんも豚バラ肉を買って帰ってきた日があった。家にいた丸山さんもやってきて、冷蔵庫の前で3人呆然とする。

私「やってもうた」

丸山「しゃーない、鍋でもする？」

星野「ダブりの防止策も考えないといけませんね」
丸山「あ、じゃあこうしよう。しばし待たれよ」
丸山さんが自室でなにかをしてるようだ。カタカタとプリンターの作動音が聞こえる。
丸山「これをな、こうして、こうや〜〜〜！」
それはマグネットシートだった。「にんじん」「玉ねぎ」「豚バラ」などのよく買う食材の名札と【冷蔵庫にあるもの】【冷凍庫にあるもの】【いま無いもの】【買うもの】とプリントされた札が、冷蔵庫の表面をびしっと埋める。
丸山「名付けて、『マグネットで中身ワカール』」
星野「小林製薬のネーミングセンス！」
私「これならひとめでわかる！」

このアイデアは、のちに遊びに来た主婦雑誌の編集者が写真を撮らせてほしいと言っていたほどだ。共働きのご家庭などでも、ぜひ採用してほしい。我が家ではこれで同じ食材があふれることはなくなった。

共同で使う米や野菜、調味料などの名札には、オレンジ色の丸いシールを貼りつけた。この家では、共用費として毎月1人15000円ほど積み立てている。オレンジのシールが貼られたものは、専用のクレジットカードで買う決まりにした。

私名義のクレジットカードを1枚用意して、通販で買い物の必要が生じたときは私がそれで注文することに。同じく私名義の口座に積み立てた共用費から定期的にお金をおろして、キッチンの貯金箱には常に数千円を入れておく。誰かが食材などの買い物をしたら、建て替えた分のお金をそこから回収するシステムになった。

貯金箱には、誰かが食事をつくったとき、食べた人が100円くらい入れることにした。これで食関係のお金をやりくりしている。ザルといえばザルな勘定だが、ここを厳密にやりすぎると、逆にコスパが悪くなる気がしてな。

積み立てた共用費は日用品購入や光熱費にも充てている。〝ハウス〟名義の口座をつくる案もあったが、手続きが煩雑《はんざつ》なので私の口座とクレジットカードで一本化した。今のところこれで不便はない。

『モモ』はオタクの必携書なのか？？？

体感的にはほぼ屋外レベルの寒さだった〝ハウス〟の冬が終わる。3月に入るとようやく暖房のいらない日も増えてきた。寒さを言い訳に引越し時のまま放置していたモノの片付けにとりかかる。我々は、ようやく重い腰をあげ、まずは本の整理に着手した。

6畳の倉庫部屋の窓下の空間を、本棚で埋める。共有本棚の完成だ。自室の本棚からあふれたものを各自がどんどん並べていく。マンガ、小説、雑誌、専門書などなど、いろいろなジャンルの本が並びはじめた。

私は音楽雑誌、丸山さんはマンガ系と服飾系、角田さんは文芸書、星野さんはＳＦ

や学術書が多い。持ち主の人柄があらわれている感じがするな。
ふと、とある本が2冊あることに気づいた。

私「ミヒャエル・エンデの『モモ』が2冊あるのですが」
丸山「私のです」
角田「私のです」
星野「私は、『誰か絶対持ってきてるだろう』と思って実家に置いてきてます」
私「あらまぁ、察しがいい〜」

オタク、ミヒャエル・エンデの『モモ』を持たないと死ぬのかな？　私はタイトルしか知りませんが……。
カブりといえば、マンガ『ツインシグナル』の新作クラウドファンディングに、4人のうち3人が参加していたことが発覚。世代よね〜。「そういえばリターンの送り先の住所変更してなかったわ」と、いそいそ書き換える私たち。そのうち同じ本がこの家に3冊届くわけか……。

　続いては、玄関のシューズクローゼットだ。天井まで届く高さがあり、最長辺100センチのL字型というたっぷりの収納力。よっしゃ、しまうで！　と意気込んで靴を並べはじめてすぐ、4人の手が止まる。

私「うーんこの」

角田「これは、全然容量足りなくないですか？」

丸山「本は予想していたが、靴は予想できへんかった」

星野「これ、突っ張り棒入れましょうか」

　もともとの棚に突っ張り棒をわたす星野マジックで、収納量は倍増した。しかしそれでも余白を残さず、シューズクローゼットはみっしり埋まった。壮観な上に、本棚と同じくらいここでも各自の個性が見える。

丸山「どれが誰の靴か、言わんでも〝わかる〟感がすごいやん」

私「ごっつい原色のスニーカーが星野さんで、トンチキな形してるヒールが角田さん、色とデザインの主張が全体的に激しいのが丸山さん。残りの地味なやつが私！」
星野「正解！」
角田「トンチキ……？」
私「いや、なんか、こう〝個性〟が……」
「広いからってあんまり増やすのは良くないね」と、各々で靴の数を調整する協定が結ばれたのであった。

いうて残機は常に3

入居して約2カ月、季節の変わり目のせいか、丸山さんから「体調不良で動けない」とLINEで報告があった。一方、角田さんは残業で毎日午前様、星野さんが仕事で1週間ほどの出張。ハウスの残機は私だけになったわけだ。

LINEグループが盛んに動く。

角田「丸山さん、大丈夫ですか？　遅くなるけど、なにか買い物があれば買ってきますよ」
丸山「すまん……。ヨーグルトとバナナを……」
私「これから私、外出するんでついでに買ってきますわ」
星野「家のことできなくてごめんなさい」
私「謝ることではない～」

　買ってきたものを丸山さんの部屋のドアノブにひっかけ、その旨をまたＬＩＮＥする。そして粛々と、やっておいたほうがいい家事をやる。

　この暮らしは、持ちつ持たれつが基本にある。逆に私が締め切り前でテンパってるときは、ほかのみんなが家事などをやってくれる。ゲームでいえば、常に残機が３つある状態だ。３機がダメになってもゲームオーバーにならないのは、かなり強いのでは。

　丸山さんは４～５日くらいで元気になったようだ。その間、私がしたことといえば、たまに頼まれたものを買いに行くくらい。たとえばこれが恋人や家族だったらこうはいかないだろう。それなりに手厚いケアが必要になると思う。さきほども「義務は増やしたくない」と書いたけれど、家族や恋人の場合、「手厚いケア＝愛」みたいになりがちじゃないですか？　やらないと不機嫌になったりとか。そういう義務が必要な空気がないのがこの家で、私はそれを気に入っている。

とはいえ、のっぴきならない悲しさから、慰められた夜もあった。人間が〝やられて〟しまうのは、体調不良だけではない。

4月1日の夕方、ネットニュースにとあるバンドの解散の報が流れてきた。エイプリルフールにそりゃあないよ。リビングのテーブルにつっぷしていると、同居人たちが続々と帰ってくる。

角田「藤谷さん、大丈夫ですか？」

私「うっ、活動は休止状態だったものの……」

丸山「今更言わないといけない理由があったんですかね……。お茶いれましょうか？」

角田「お寿司買ってきたんですけど」（ドン！）

星野「私はビールを」（ドン！）
私「うお〜ん」
　ダイニングテーブルに寿司とビールが並ぶ。空気がまるでお通夜である。でも実質お通夜みたいなものか。同居人たちは同世代なので、そのバンドの人気や影響力の大きさは知っている。
丸山「『いつまでもあると思うな親と推し』とは言うが……」
星野「とにかく今日は食べて」
角田「少しは飲んで」
私「うお〜ん」
　その夜は、寿司を食べながら各々の思い出を語るのであった。まさにお通夜だ。
「悲しい」を共有してくれる人が家にいるのは、悪くないな。

改元パーティーと令和ケーキ

暖かくなり、クソ寒ハウスもようやく暖房が必要なくなってきた。ルームシェアを始めたと聞きつけて、引越し直後から「遊びに行きたい」と言ってくれる友人たちがいる。だが、なんせ寒かったため、「春になったらおいでよ」と返事をしていた。4月に入り〝ハウス〟では友人を呼ぶ機運が高まっていた。

丸山「せっかくなので『改元パーティー』しましょう」

私「なにが『せっかくなので』なのかは、まったくわからないが……『アリ』だと思うやで」

丸山「鯛とか、焼きたいじゃないですか」

私「ダジャレか？」

星野「めでたい感じが出てきましたね」

角田「良いお酒も用意しましょう」

そしてゴールデンウィークの真っ只中、改元の当日、共通の友人3人がやってきた。

星野「いらっしゃいませー」
友人1「これが噂の〝文化的なハウス〟！」
友人2「たしかに実家というか、おばあちゃんの家みたいな落ち着き」
友人3「これだけ人数いても、ちゃんと全員が椅子に座れるのはいいねぇ」
私「実は今日は椅子が1人分足りないので、私はバランスボールに座ります！」
友人1「なるほど？」
丸山「楽しそうやん」

みんなで改元関連の特番を見ながら、テレビの中の人の服装にツッコミを入れたりキャッキャウフフと騒いだりしている間に、丸山さんはホットプレートで料理を進めている。

丸山「はい、オープンの儀」

予告通り、鯛を焼いていた。正確には蒸し焼きだ。香草の香りが鼻をくすぐる。

私「オッめでたいムードが」
角田「おめでたい席で鯛、自宅では初めてですよ」
丸山「こんなときやないと、鯛焼かへんよな」

みんなでテーブルを囲む。バランスボールに座っているせいで多少食べづらいが、関係なく鯛はうまい。しかもこの鯛、丸山さんがわざわざ鮮魚店に事前に注文して、朝から取りに行っていたのだ。すごい。というか、鯛の蒸し焼きって自宅でつくれるのか。その発想はなかった。鯛はまたたく間に食卓から消えた。

友人2「鯛のお礼に、ケーキつくっていいですか？　材料持ってきたんで」
角田「ケーキを……つくる……？」

丸山「台所使うなら案内しますので」

　友人2は仲間内では、丸山さんと同じくらい料理が得意な存在である。しばらく台所から作業の気配が流れ、やがてスポンジの焼けるいい匂いがしてきたあと、友人2がケーキを持って現れた。

友人2「令和ケーキです」

丸山「『令和』って書いてある！」

私「令和ケーキだ！」

星野「令和ケーキって何⁉」

　令和ケーキを囲んで記念写真をパシャリ。もちろんオタク特有の、人間が写ってないほうの記念写真だ。その後、おいしくいただきました。

　〝ハウス〟にはコンスタントに共通の友人たちが遊びに来るようになった。そういうとき、大きなダイニングテーブルを使って料理をすると結構盛り上がる。子連れの友人が来訪したときのために、キッズ用チェアも購入してみた。

丸山「今日は友人さんのお子さんと一緒に、〝餃子をこねる会〟をします」
私「タイトル通りじゃん」
友人「よろしくお願いしますー」
私　ベシャッ（適当に餃子をまとめる音）
丸山「餃子つくるの、君よりお子さんのほうがうまいやん」

またある日は、令和ケーキの友人がやってきて、お店のドーナツを再現した。

友人「今日は某ドーナツ店のレシピ通りに〝ドーナツをつくる会〟をします」
私「つくれるの？」
丸山「レシピ通りにやれば、多分」
私　ガサガサ（適当に粉を入れていく音）
星野「あー！　この人、もうレシピ無視してますよ」

角田「お菓子は目分量でやるの、ダメ絶対ですよ！」

生地の発酵には2～3時間くらい、ドーナツの成形に1時間くらいかけた。この時間は、ＤＶＤ『Fate/Grand Order THE STAGE－神聖円卓領域キャメロット－』上映会も兼ねた。

チョコレートのテンパリングにもこだわって、ツヤッツヤの、お店で売っているような見た目のドーナツが完成した。まさに「映え」なので、ケーキのとき同様、人間抜きで写真を撮影する我々。味のほうも、本当にお店のものと遜色ない出来だった。途中でドーナツを載せる皿が足りなくなったほどにつくりすぎてしまい、友人にお土産として持って帰ってもらった。こういう体験ができるのも楽しい。かといって、イベントは全員強制参加でもない。そこが気楽だ。

テキ屋化する〝ハウス〟

角田さんが忘年会のビンゴで当てたタコ焼き器を持ち込んでくれたので、タコ焼きパーティー、略してタコパが流行したこともある。

私もご多分に漏れず、ついに遊びに来た三上さんと2人でタコパを開催。リビングの作業スペースで仕事をしている丸山さんをよそに、ダイニングテーブルで意気揚々とタコ焼きをつくる。私はタコ焼き初挑戦である。案の定、ド下手すぎるしろものが出来上がった。

あまりのひどさに三上さんが爆笑し、私も自分の下手さにウケて写真を撮ったり、それをSNSにあげたりして盛り上がっているところに、関西出身の丸山さんが通りかかり、低い声でつぶやいた。

丸山「……ちょっと待て」

私・三上「⁉」

丸山「ごめん！　貸して！」

丸山さんが私の背後に回り込んで竹串を奪い、「すまん、すまん、人には人のタコ焼きがあるってわかってんねんけど、これは関西人としてガマンできん！」と謝りながら手を動かす。私のタコ焼きの下手さは、もはや冒瀆に映ったようだ。ウケる。またたく間にタコ焼き未満の物体が、きれいな球体に修正されていく。これが関西人の力……！　横で見ていた三上さんと私は、一緒になって感心していた。

これは「エゴ焼き（関西人のエゴによるタコ焼きの略）事変」と呼ばれ、定期的に思い出される笑い話となっている。そしてその後、丸山さんが「本物のタコ焼きを食べさせてあげますよ」と山岡士郎のようなことを言いながら、ダシから用意してタコ焼きをつくってくれた。おいしかったです！

タコ焼き環境の充実が約束された我が家では、次いで、来るべき夏のためにかき氷機をアマゾンで取り寄せた。さらに丸山さんが仕事で立ち寄った問屋街で、型抜き菓子を入手してきた。気がつけばテキ屋化していく〝ハウス〟。

一時はヨーヨー釣り用のプールや、綿あめ機の購入も議題に上がったが、「さすがにこれ以上モノを増やすのはよくない」と正気に返った。

祭りは開かないまでも、自分の部屋がいくらとっちらかっていようが、来客用スペースがあれば、気兼ねなく人を呼べる。これが実はすごく快適なのである。実家実家と言われる〝ハウス〟だが、ホンモノの実家と違い、家族に気を使うことなく広々としたリビングを使って、自由に遊べる。今後も面白おかしく遊んでいくぞ〜。

〝ハウス〟通常営業

こう書くとまるで遊んでばかりの家のようだが、普段の生活はテンション低めである。平均的な〝ハウス〟の1日はこんな感じだ。

朝、7〜8時くらいに会社員組の角田さん・星野さんが起きて洗濯機を回し、干す。私が朝まで仕事をしていた場合、洗濯機を回してから寝ることもある。ゴミ出しがある場合は、出して出勤。なお、遅刻ギリギリで飛び出した場合は、在宅フリーランス組がフォローする。

昼間は、各々が仕事をしたり、お風呂の掃除をしたりする。それぞれのペースで仕事をしているので、昼食は基本的に別々。平日日中でも人がいるので、通販を頼んでも不在で再配達になることがほとんどないのが、この家の便利なところだ。洗濯物が乾いたら取り込む。

食材や日用品などの買い物は、昼間に在宅フリーランス組が済ます場合もあるし、会社員組が帰宅ついでにやる場合も。在宅組が足りない食材をＬＩＮＥで送って、会社員組に買ってきてもらうこともある。

夜、19時くらいからお風呂を沸かして順番に入る。「入った・出た」の報告をＬＩＮＥグループに投下しないと、「今誰が入ってるか」がわからなくなってしまうので、その報告だけは忘れないようにしている。だいたい23時くらいまでには、全員入り終わるかな。

夕食はバラバラのときもあれば、全員で鍋や焼き肉をすることもあるし、本当に限界まで面倒くさいときは、Ｕｂｅｒ Ｅａｔｓを頼むことも。1人で頼むと割高感のあるＵｂｅｒ Ｅａｔｓ手数料も、複数人で注文すればそこまで気にならない。これもルームシェアのメリットのひとつだと思う。みんなの食事が終わったら、最後の人が食洗機のスイッチを入れて、台所を片付けて終了。みんなは就寝、私は仕事の続きをやることもあるという流れである。

連絡事項はだいたいＬＩＮＥで済ませるし、タイミングが合えばリビングで話すことにしている。全力で遊ぶときは遊ぶし、普段は淡々とやっていく。

ぶつかっちゃうよ

梅雨に入り、1階の湿気に悩み始めた。実家も一軒家だけど、こんなにジメジメしてたっけ？　実家は安普請で隙間風が吹いてたから、湿気対策になってたの？　あるいは加齢による体調の差？

理由はわからないが、とりあえずＹａｈｏｏ！知恵袋で調べると、対策にはサーキュレーターが良いらしいとのことで、ソッコーで楽天で購入したのち、脱衣所に導入。納戸の空気もジメッとしており、嫌な予感がしたので、除湿剤を設置した。

家庭菜園でハーブを育てていた庭先にも、虫のたぐいがブンブンと飛び交っている。生命の栄えの季節……。玄関ポーチのプランターに植えていたイチゴに惹かれて、ナメクジたちも大集合していた。

丸山「このままではナメクジが文明を築いてしまう……」
私「『火の鳥　未来編』じゃん！」

文明が生まれ滅びては大変なので、「ナメクジ　対策」で検索して出てきた薬剤をバラまき一件落着。もっとも出現を覚悟していた「G」ことゴキブリは、あらかじめブラックキャップを置いていたおかげか、意外なことに夏の間も一度しか出なかった。まだまだ油断はできないが。

う〜ん、一軒家ってこういうメンテナンスも必要になってくるんだなぁ、両親も私の知らないところで、家に関するこういうケアをしていたのだろうか。

さらに季節とは関係なく中規模、いや、けっこう大きめのトラブルが発生した。私と星野さんと丸山さんがダイニングテーブルを囲んで、だらりとテレビを観ていたところ、台所のほうから「メリメリ、バキッ」と、聞いたことのない音が聞こえてきた。ここのところ、梅雨のいきもの博覧会状態になっていたので、我々は顔を見合わせて動物の侵入を覚悟する。

私「今なんか音しませんでした？」

星野「しました」

私「台所の勝手口って、鍵閉まってましたよね」
星野「そもそも入居してから開けた記憶がないです」
丸山「ネズミかなー？　ハクビシンかなー？（謎の開き直り）」
星野「なに持ってけばいいんですかね？　丸めた新聞紙？」

とりあえずは丸腰のまま、おそるおそる3人で台所に向かう。すると、なんということでしょう、引越し時にニトリで購入したレンジ台（木製）の脚が折れて崩壊していたのであった。まだ半年しか経ってないのに、短い命だった……。
〝レンジ台〟なので、当然上にはオーブンレンジが置いてある。滑り落ちたレンジは、向かい合う冷蔵庫と正面衝突事故を起こしていた。

私「これはきれいにぶつかっておりますなあ、機能入れ替わってるんじゃないかな」
丸山「『転校生』か」
私「きみのぜんぜんぜんせ～～」
星野「それは違います」

勢いよく事故ったオーブンレンジは、かろうじて電源は入るものの、フタが開いてるのに加熱機能が働くちょっとした凶器になっていたし（マジで怖かった）、冷蔵庫も中身は無事だが、扉が大きくへこんでいる。さて、どうしましょう。

さぁてこういうときはどうするんだっけ、とスマホ片手にニトリを検索。電話窓口に問い合わせたところ、無事返金してもらえることになった。交換という選択肢もあったが、『転校生』シーズン2になるのは怖かった。さらにニトリは、上に載っかっていたオーブンレンジの金額も弁償対応してくださった。やった〜、対応も〝お、ねだん以上。〟ニトリ！　レンジ台2号は屈強なステンレス製を選んだ。

生活をしていると、大なり小なりこうしたトラブルが発生するが、我々はメンバー全員まずはネットで対応を検索するタイプなので、あまり大事にならずに済んでいる。この世のトラブルシューティングは、だいたいネットに先人が残してくれているので。仮にハクビシンだったとしても「ハクビシン　民家　対策」で検索したんだろうな。

野菜from実家×4

真夏になると、実家×4から野菜が届くようになった。ああ、どうして親は還暦を過ぎると畑を耕すのか。ありがたいこと、本当にありがたいことなんですけども。

私「多いよ!!」
角田「さすがに大人4人でも、ダンボール箱いっぱいの野菜は……」
丸山「やたら長いナスもあるねぇ」
星野「これは長い、そして多い」
丸山「これは、ナスのキャビア風をつくるしか」
私「なんすかそれ」

「ナスのキャビア風」とは、大量のナスをオーブンで1時間程度焼き、皮を剝いてオリーブオイルと香辛料を混ぜ、ペースト状にする料理だそうだ。瓶詰めにして冷蔵す

ると保存も多少は利くそうな。出来上がって、さっそく実食したところ、

私「あー、たしかにそういわれると見た目はそれっぽい？」
星野「種の粒がキャビアのようだからそう呼ばれてるらしいですね」
角田「コレはコレで、別のおいしさがあります」
丸山「やった～」

この料理、別名「貧乏人のキャビア」というらしい。でも、あんなに大量にあったナスが瞬時に消えたので、本当に貧乏だとなかなかチャレンジできないかもしれない。野菜は高い。

そして夏休みがやってきた。私は基本的に家で溜まった仕事をしながら過ごしていたのだが、丸山さんは関西に帰省、星野さんは推し声優のバンドが出るロックフエスとコミケと帰省。角田さんは帰省はしないけれど、ほぼ毎日同じ舞台の観劇だそうな。会場までの電車の回数券を購入するか悩んでいるという。もはや「通勤」である。

いつもワイワイしている〝ハウス〟も、さすがに人の気配がなくガランとしている。寂しいといえば寂しいけれど、新鮮さがあるので、無駄にリビングでゴロゴロしてみたり、大きな音で映画を観たりした。休暇が終わって、再び家に人が戻ってくる。

丸山「お土産やでー！　551蓬萊《ほうらい》の豚まん！」

星野「お土産ですー！　地元のお菓子と親が持たせてくれた手作りパウンドケーキです！」

角田「お土産じゃないけど、劇場近くでおいしそうなケーキが売ってたので！」

薄々感じていたが、みんなしょっちゅうライブ遠征や出張や帰省で全国各地に行ってるので、この家はお土産が異様に多い。リビングの一画におやつ&お土産スペースを設けているのだが、常にお盆明けの職場みたいになっているのだ。今回のようにホンモノのお盆明けとなると、スペースには各地のお土産があふれかえっており、それは壮観だった。

永遠じゃねぇ……MUGENそうめん

私はこの夏、やりたいことがあった。
また例によって共通の友人たちが遊びに来た夕方、お茶を飲んでいるみんなを横目に、私はガチャガチャと秘密兵器を組み立てていた。

友人1「なにそれ」
私「知らないんですか？　SEIKINさんのYouTubeでおなじみの『ビッグストリーム　そうめんスライダー　ギャラクシー』ですよ！」
友人2「知らないよ！　あと名前が長いよ！」
私「『ビッグストリーム　そうめんスライダー　ギャラクシー』はですね！　『そうめんが透明パイプの無重力ゾーンを通過し無限ループで回転します』とアマゾンの紹介に

書いてあります！（YouTuber風の口調で）」
友人3「わかんねーよ！」
私「要は流しそうめんができるおもちゃですね。ちなみに7000円くらいします！」
友人1・2・3「高ッ！」

仕事で行ったタカラトミーの展示会でこの商品を見たときから、「絶対〝ハウス〟でやりたい」と思っていたのだ。その後Seiki n TVで紹介されているのを見て、ますます流しそうめん欲が高まった。ので、買った。大人の財力で子供のおもちゃを買う遊びです。

みんなが見守る中、「ビッグストリーム そうめんスライダー ギャラクシー」（長い）は意外と簡単に組み上がった。ダイニングテーブルの真ん中に設置する。そうめんは丸山さんが茹でておいてくれた。

友人1「出来上がると異様な迫力があるな」

私「スイッチ入れまっせ～」（ポチッ）

モーターの力で水流が発生し、そうめんが勢いよく透明のパイプを昇っていく。たしかに見ようによっては無重力っぽい。そのまま無限ループしていくそうめん。ひたすら周回するそうめんを見守る我々。

友人1「これいつ取るの？」
私「フィーリング？」
丸山「（箸を入れてみて）とりづらっ！」
友人2「うおー麺が逃げるー」

当然だが、そうめんの味は、いつも通りだった。
その後、「無重力そうめん」は噂が噂を呼び、「そうめん見たい！」（食えよ）と友人知人が〝ハウス〟にやってきた。夏の間はバカみたいにそうめんを流しまくったので、元は取れたと思う。マジで買ってよかった。この手の遊びは、人数がいないとできないもんね。

テキ屋化した〝ハウス〟でそうめんを流し、かき氷を食べ、家の中で祭りをやっている我々だが、地域の祭りにも興味を示す。我が家は年間600円ほど町内会費をお支払いしているのだが、回覧板（この令和に！）が回ってくる程度で、夏祭りだとかの町内会的なイベントには一向にお声がかからない。

丸山「家でかき氷やるのも楽しいけど、町内会で焼きそば焼いたりしたいやん」

私「でも、一軒家に住んでいるアラフォー女性集団、どう考えても怪しい、私が逆の立場なら警戒するネ」

星野「うーん、事実ですね」

角田「隣の奥様はお祭りの参加方法、ご存じないかしら」

隣の奥様とは、文字通り隣の一軒家にお住まいのご婦人である。〝ハウス〟で持て余した野菜をおすそ分けしたり、旅行のお土産をいただいたりと、時々交流をしているのだ。公民館で着付け教室を開いているので、和装好きの角田さんとはよく立ち話をしているのであった。奥様は「あらぁ、大丈夫なんじゃない？」と言ってくださったが、まだちょっと、こちら側の勇気が出ず、町内会にはコミットしていないのであった。

オタクの必需品・養生テープで台風に備える

秋が来た。親からは、例によってアホほど柿と芋が来て、ご近所にもおすそ分けして、なんとか事なきを得た。この年の秋は、農作物以外にもさまざまなモノが来た。台風とか。

台風19号が10月初頭に日本へやってきた。どうやらかなりの大きさらしい。前月には台風15号が千葉に直撃した直後で、「今回も大規模な被害が予想される」と、上陸数日前の段階からニュースや天気予報で繰り返されていた。ハウスは古い建物だし、瓦が飛ぶくらいは仕方ないかもしれないけど、屋根が飛んだりしたらイヤだな〜。リビングのテレビで台風の進路予報を確認しつつ、対策を練る。

星野「ウチ、大丈夫ですかね」
角田「雨戸は全部閉めておきましょう」
私「雨戸ない窓もあるんよね」
丸山「ネットやと、そういう窓は養生テープで補強するといい説が」
角田「でもどこもかしこも売り切れてるみたいですね」
星野・丸山・私「養生テープなら売るほどあります」

会場設営などで役立つことが多いので、なにかしらのイベントに出ているタイプのオタクは、養生テープのストックをやたらと持っている（※私調べ）。貼るのもうまい（※私調べ）。SNSでは「養生テープ補強は逆に危険」説もあったが、貼る派が優勢のように感じたので、「貼る」に賭けてみた。なんせSEIKINも貼ってたし。

入居時に、防災用品や非常食類、簡易トイレなどは人数分揃えていた。だから万が一の場合でも多少はなんとかなるとゆったり構えていたものの、ちょっと不安もあり、ポータブル電源を追加で購入した。ソーラーパネルも欲しかったけれど、「不要になったときの処分に困るから」とみんなに却下された。私は子供の頃にさいとう・たかを先生の『サバイバル』を読んでから、天災への恐怖心があり、備えるとなると一気にいろいろやりたがりすぎる節がある。『サバイバル』では、備蓄食料や装備、そして知識の有無が生存ルートへの鍵なので……。

いざ東京を直撃した当日は、気圧のせいかメンバー全員ペシャンコになっており、さっさと就寝してしまった。

そして翌朝。家そのものには特にダメージがなかったけど、テレビが映らない。

丸山「昨日までは映ってましたよね」

私「台風め、やりおる」

星野「夜中の雨の音すごかったですもんね」

角田「アンテナ確認します？」

外に出て、屋根に設置されたアンテナを見てみるが、折れている様子はない。いずれにしろ素人にはどうにもならない。早々に諦めて業者を呼んだところ、アンテナ線をつないでいるブースターが水没しているとのことで、交換してもらうことになった。台風後で業者も忙しいのか、予定は平日しか空いておらず、在宅フリーランス組の私と丸山さんが対応する。

星野「いつも任せてしまってすみません」
角田「フリーランスって、本当に時間フリーなんだな〜って思います」
私「フリーすぎて、仕事が立て込んでいるとき、夜中ずっと起きててスマン」
丸山「我々のことは座敷わらしのような存在と思ってほしい」
私「あるいはオバQとか」

共用費の呼吸　参の型
『鬼滅の刃』全巻購入

この時期になると、このルームシェア暮らしがコンテンツとして仕事につながりはじめた。かねて仕事をしていた不動産系列のオウンドメディアの編集さんに、このルームシェアの話をしたら面白がってもらえて、連載をすることになったのだ。物件選びや審査、引越し、家事分担決めの流れを振り返りながら書いていく。コラムの連載は初めての経験で、たいへん勉強になった。メンバーからも「こうやって記事になるのは面白いね～」と好評だったようだ。

書くだけではなく、しゃべるほうの仕事も発生した。11月には、友人同士でルームシェアをしている身として、オタク女子サークル・劇団雌猫主催のトークイベントに登壇することになった。いろいろな形の恋愛をテーマにした書籍の出版記念イベントで、本に登場するエピソードを紹介したり、婚活サービスを運営する方がオタクに向けて婚活市場を解説したりするという。そこに、恋愛や結婚ではない道の当事者として、友達同士で共同生活をしている私も交ざって、それぞれの長所や短所を語っていくという段どりだ。結局のところ、「ルームシェアも婚活も、意見のすり合わせや確認が大事だよね～♡」という話になった。

イベントは大いに盛り上がった。私としては「『鬼滅《きめつ》の刃』を共用費で買った」という話をしたら、会場のお客さんにバカ受けしたので、満足度が高かった。人前に出るからには、笑いはとりたいので。どうしても「面白」を優先させたくなってしまう。
終演後にふとスマホに目をやると、お客さんとして来ていた角田さんからＬＩＮＥが届いていた。

角田「『鬼滅の刃』の件、確定事項でしたっけ？」
私「確定事項じゃなかったでしたっけ？」

ぽわわわ～ん（回想シーンに突入する音）。
あれは少し前にリビングで『鬼滅の刃』のアニメを最終回まで見届けたときのこと。

私「えっ、アニメはここで終わりかい？」
星野「次は劇場版らしいですね～」
角田「公開はまだ先ですね～」
私「マジで？　柱、ほぼ自己紹介しかしてないじゃん！」

丸山「私の推しは劇場版で活躍するよ、あと死ぬよ」
私「ウワ～！　本誌読んでる人がシレッとつらいこと言ったぞ！」
丸山「ガハハ！　この先、つらいことしか起きませんがな！」

全員がハマって観ているアニメは珍しい。夏に放送していたドラマ『H・i G H&L O W THE WORST EPISODE.０』もみんなで観ていたが、これは私がハマってみんなに『時計じかけのオレンジ』よろしく、ほぼ強制的に観せていたと言ったほうが正しいかもしれない。

「やっぱり『鬼滅』原作ちゃんと全部読みたいな」と盛り上がっていると、誰かが「全員が読むならいっそ共用費で買うのは？」と提案し、ぼんやり「そいつはいいね～」と思った記憶はあるが、たしかに確定事項ではなかったかもしれない。

ぽわわわ～ん（回想シーンから戻る音）。

あらためて、ＬＩＮＥグループで相談する。

私「どうします？　私は買っていいと思うんですが」
丸山「ええよ〜。紙でも読みたいし」
星野「もちろん」
角田「私も皆さんがよければ問題なしです」

意見のすり合わせや確認は大事ですよね〜。と、いうわけで、無事に『鬼滅の刃』が全巻我が家にやってきたのであった。私は伊之助が好きです。

EXITの「ストイック暗記王」を1日4回観る家

11月の劇団雌猫のイベントでは、「SNSではフォロワーに気を使って言えないような作品の感想も、オタク同士で住む家ならば、リビングで吐き出せるしログも残らないし安心」という話もした。実際、「虚無」な舞台を観てしまった角田さんが、顔面蒼白で帰宅してきたことがある。

星野「おかえりなさーい、舞台どうでした？」

角田「…………」

丸山「オッ？」

私「今日なに観たんですか」

角田「[redacted]演出の舞台」

丸山「あー、好みが分かれるやつ」

私「『推しを人質にとられる』と一部で話題の」

角田「あのですね、やりたいことはわかるんですけど、演劇とはそ・も・そ・も〜〜〜〜（以下・無限に愚痴が続く）」

普段冷静な角田さんが、抑揚をつけてしゃべっている。これは大変なことです。

「何が嫌いかより何が好きかで自分を語れよ！」とはよく言ったもんだが、なにが嫌いか、なにが苦手かで盛り上がる夜もある。

当然、先日の『鬼滅の刃』のときのように、好きなものの話でももちろん盛り上がる。SNSを通して他人を「沼」に引きずり込むオタクは多いが、ウチの場合は強制的にコンテンツを摂取させることができるのだ。もちろん無理強いはしませんが……。

ある日、みんな出かけてしまい誰もいないリビングで、なんとなく録画していた『ゴッドタン』を視聴していた。普段ほとんどバラエティは観ないが、この番組はたまに観ている。

この回は、人気若手芸人・EXITの「ストイック暗記王」だった。芸人がMC陣から与えられた単語の暗記に挑戦するも、劇団ひとり率いる〝気をそらせ隊〟による異様なコントで必ず邪魔をされるという『ゴッドタン』の人気企画だ。EXITのファンというわけではないが、これは良かった。放送後、ネット上でかなり話題になっていたのも納得である。なんというか、男2人のいわゆる「クソデカ感情」が発生している。私a.k.a.オタクの女にはぶっ刺さった。

そうなると、同居人a.k.a.オタクの女たちにも観せたい。「大変ヤバいな、これはみんなに観せないと」と、謎の使命感すら発生していた。まず、丸山さんが帰宅するなりつかまえる。

私「まずはこれを観てほしい」（再生ボタンポチッ）
丸山「⁉」
～30分後～
丸山「うわぁ～～～～～～～」

そして星野さんが帰宅。

私・丸山「まずはこれを観てほしい」（ポチッ）
星野「⁉」
～30分後～
星野「うわぁ～～～～～～～」

そして角田さんが帰宅。

私・丸山・星野「まずはこれを観てほしい」（ポチッ）
角田「⁉」
～30分後～
角田「うわぁ～～～～～～～」

1日で『ゴッドタン』録画を4回まわした家もなかなかないと思う。コント中に流れる菅田将暉の「まちがいさがし」がしばらく頭から離れなかった。

人の推しの行く末を見守る回

ここまで強制的でなくても、一緒に暮らしている人がハマっているものがあれば、なんとなく一緒に観るし、なんとなく好きになることは少なくない。
夏には星野さんが人気ソシャゲのアニメ化『あんさんぶるスターズ！』、秋冬は角田さんが男性アイドルオーディション番組『PRODUCE 101 JAPAN』をリビングでリアタイ視聴していた。

『あんさんぶるスターズ！』は、アイドルを育成する学園を舞台に、生徒（一部教師）同士による心臓に悪い形の感情のぶつかりあいが発生することでおなじみのストーリーだ。放送開始が遅れに遅れて、待望のスタートだった。悪いのはハッピーエレメンツ！　毎週日曜日の夜、視聴を終えた星野さんは「あんさんぶるになってしまった……」とだけ言い残してリビングを去っていく。

『PRODUCE 101 JAPAN』も、オーディション番組の宿命なので仕方がないのだが、回を重ねるごとに脱落者が増え、クライマックスを迎える頃には番組がかなりピリついた雰囲気になっていく。観ている側も緊張感が高まっていく。我々が投票に協力しようとしたところ、「それは私の中ではナシなので」と角田さん。みんなそれぞれの推し方がある。

最終回当日、リビングは異様に重い空気になっていた。

丸山「角田さんの推しがデビュー決まったらお肉を焼きます。残念な結果になったら、おかゆ用意しますね」

角田「なにがあっても心配しないでください……！」

いや、逆に心配になるわ。人がなにかに夢中になっているのを見るのは楽しいものであるよ、とあらためて感じるのであった。

大集合サンリオハロウィン

我々4人、ここまで書いてきたように好きなジャンルはバラバラなのだが、一度みんなの現場がカブったこともあった。それは10月の末、サンリオピューロランドのハロウィンイベントでのこと。どうして揃ってサンリオハロウィンへ？　それはですね、偶然です。

我々は、イベントごとで家を空けるときは、アプリでスケジュールを共有している。10月の末に全員「オールナイト」だとか、「ピューロランド」だとか「ハロウィン」と予定が入っていた。

私「おや……？」

丸山「これは？」
星野「もしかして？」
角田「みんな同じ場所？」

　サンリオハロウィンは、出演者がバラエティに富んでいることでも知られている。この年は、ＬＤＨアーティストから声優とラッパーのユニット、気鋭のミュージシャンまで、いろんな人が出演していた。たまたま私はＬＤＨファンの友人から誘われてチケットを購入しており、丸山さんはテーマパークオタクの友人から声をかけられていた。一方、星野さんと角田さんもそれぞれ推しが出るという。

私「ＤＪ ＭＡＫＩＤＡＩを観に……」
丸山「ピューロに一度行ってみたくて」
星野「私は昴（木村昴）と掌幻」
角田「私は長谷川白紙」
一同「なるほど〜〜〜」

こうなったら、みんなで全力で仮装をしましょう。私はヴィジュアル系おばさんとして鳴らしているので（大嘘）、倉庫部屋からゴシックロリィタのお洋服を取り出し、ゴッテゴテのメイクを施す。頭が寂しいなと思ったものの、いい感じに仮装感のあるアイテムが見つからなかったので、ドン・キホーテで「Ｈａｌｌｏｗｅｅｎ」と書いてある帽子を買った。そこにはこだわりはないのか？　ええ、ないです。ってなわけで、意気揚々とピューロランドに向かうのであった。それぞれの友達と合流し、ほどほどにはしゃぎ、ほどほどに休み、またはしゃぐ。星野さんは出番の早かった昴と掌幻をダッシュで観に行き、私は「ＨＩＧＨＥＲ　ＧＲＯＵＮＤ」でブチ上がり、長谷川白紙に荒ぶる角田さんを横で見る。そしてみんなでＤＪ　ＨＥＬＬＯ　ＫＩＴＴＹさんことキティちゃんを拝んだ。

明け方に終了し、くたびれた体の力を振り絞り、電車に乗って帰路についた。アラフォーでオールナイトするのはさすがに疲れたので、駅から家まではタクシーを使う。こんなとき、４人だと割り勘できるし助かるな。

令和ケーキのくだりで「オタクは記念写真に人間を入れない」と書いたが、例外もある。ハロウィンのフォトスポットを発見し、「せっかく仮装もしているし」と、この夜は珍しく4人でフレームに収まった記念写真を撮ったのであった。

ベルメゾンあったかインナー丸カブり事変

季節がめぐり、〝ハウス〟に再び冬が来た。ここでの生活も、そろそろ1年経つ。気温が下がって肌寒くなってきたので、そろそろ発熱肌着を用意しなくてはならない。私の乾燥肌にはヒートテックが合わないようで、今年はベルメゾンのホットコットを導入してみた。快適なのだが、ひとつ問題が発生した。まったく同じ色、形、サイズのホットコットを角田さんも使っていたのである。わ〜、久々のカブりだ。

以前から、ユニクロの服がカブる事態はたまに発生していた。でもサイズや色が違っていて、一瞬間違えそうになっても、あとで気づいて戻していた。それがここにきて、ホットコットはドンカブりである。

角田「ヒートテックならともかく、まさかここでカブるとは」
私「これは神経衰弱待ったなし」
角田「よく見ると、タグの位置がちょっと違いますね」
私「でも人間、洗濯物そんなに見ないからな……」

慌てて色違いを買い直し、事なきを得た。角田さんは黒、私は茶色。カブったホットコットはタンスの奥にしまってある。さらに後日、今度は丸山さんと角田さんが「なんかすごい柄の靴下」をカブらせていて、「そこ、カブるのかよ！」と謎に感心したのであった。

そして師走である。年末はイベントが多い上に、仕事も忙しいのでオタクも走らざるを得ない。星野さんは毎月2回、ソシャゲのイベントを10日間〝走って〟いるが（大変そう）。

それでも、入居前に約束していたクリスマスツリーは買って飾った。正月飾りも買った。門松は買わなかった。

気分は出してみたものの、クリスマス前後から年末にかけてはライブや観劇、コミケなどのイベントごとでみんなほぼ家を空けていた。全員それぞれの場所で大はしゃぎしていた模様。仕事休みに突入してからは、関東に実家のある星野さんと角田さんは帰省していった。

大晦日、私は自室で仕事をしていた。丸山さんは友人たちと年越しパーリーらしい。この年の大晦日の夜は、すごく強風で荒れていた。外で大きな音がしたと思ったら、玄関先に置いている自転車が全部倒れていた。今の風だと立て直してもまた倒れるので、しばらくは放置して、仕事の続きへ。そうこうしているうちに、紅白も終わって年が明けた。丸山さんが帰ってきたら、一緒に自転車を片付けよう。角田さんと星野さんも、三が日のうちには帰ってくるという。こんなふうに、帰ってくる誰かを待っている暮らしも、悪くはない。

元日の午前中に帰宅した丸山さんと、手分けして自転車を起こす。寒風に吹かれて冷えたので、お風呂に浸かりたい。しかし元日からお風呂掃除なんかしたくない。２人の意見が一致し、近所の銭湯へ向かったのであった。

私「いつも前を通りすぎるだけだったけど、この銭湯は気になっていたんですよね」
丸山「結構年季が入ってますけど、内装はおしゃれやし、我らの判断、『正解』の匂いがする……」
私「若い人がやってる感じがありますな」
丸山「オッ、めっちゃクラフトビールが充実してるやん！　やはり大正解！」

正月早々、幸先のいいスタートを切ってしまった。
3日には帰省組も帰ってきて、久しぶりに全員が〝ハウス〟に揃った。リビングで新春番組を観ながらボンヤリする。

一同「あけましておめでとうございますー」
星野「今年もよろしくお願いしますー」
角田「あっという間の1年でしたね」
丸山「実家から白味噌が届いたんで、関西風お雑煮をつくっちゃおうかなー！」
私「いいですなあ」

星野・角田「食べたことないです！」

関東育ちの2人は、味噌のお雑煮を食べたことがないそうなので、丸山さんも腕によりをかける。私は見てるだけですが。育ってきたお雑煮の味が違っても、人は全然楽しく一緒に暮らせるんだよなぁ、と餅を冷ましながらいただくのであった。

第4章

ガチャも回すし人生も回す

すわ、〝ハウス〟にもコロナが？

２０２０年1月。無事、共同生活も1年になる。できればこのまま2年後には契約更新して、２期３期と続けていきたいものですなぁ。

みんな、それぞれの仕事をしつつ、アニメを観たりゲームをしたり、平穏な日々が続いていた。が！　まったく予想していない方向の異変が起きた。我が家だけでなく、世界中に。そう、コロナである。

新型コロナウイルスとかＣＯＶＩＤ－19とか呼ばれているこの感染症は、年明けにはよその国の話だと思っていたのに、気がついたら国内でも感染者数が右肩上がり。一気にマスクやアルコールジェルが店頭から消えた。なぜかトイレットペーパーまで消失してしまったが、我が家は納戸に2～3カ月分ストックをブチ込んでいたので、事なきを得た。

2月には大阪のライブハウスで集団感染が発生、それが派手にワイドショーで突き上げられ、ライブハウスが仕事場で遊び場である私にとっては、なんとも居心地の悪いことになった。新型コロナ自体も由々しき事態だけど、ワイドショーのせいで事実以上にライブハウスのイメージが悪化したことも、つらいし悲しい。今後ワイドショーは全部『キテレツ大百科』とかの再放送にさし替えてほしい（過激派）。

2月末からは、大規模なドーム公演や小劇場の演劇公演も中止が相次いだ。これには、〝ハウス〟のみんなも大ダメージである。

星野「ライブチケットの払い戻しで、口座にお金がこんなにあるなんて珍しい」
私「どのチケットが払い戻してるのかそうでないのか、もうわからんね」
角田「演劇もですね。ディズニーも休園らしいですよ」
丸山「映画館も休業するとかニュースでやってますね。『ミッドサマー』観たかったなー」

このままでは、みんなの心の栄養が枯渇してしまう。今考えると、そんなこと言ってる場合かという話かもしれないが、3月の前半くらいまでは「若い人は重症化しない」「元気な人はマスクは必要ない」くらいの空気だったと記憶しているので、ご容赦くだされ。オリンピックの延期が発表されたあたりから、急にシリアスな空気になってませんでした？　ねぇ、都知事？

ライブが飛ぶということは、私の仕事も飛びまくる。まず当然ライブレポートの仕事がなくなり、スタジオ撮影ありの取材がなくなり、4月には通常の対面インタビュー取材の予定も〝無期限延期〟になった。2月あたりに初めて耳にして、「大げさな。冗談でしょ？」って感じだったオンラインインタビューも、いつの間にか当たり前のものになった。Ｚｏｏｍの株価が上がり、ついでに音響機器メーカーのＺＯＯＭの株価も上がったらしい。なんで？

同じくフリーランスの丸山さんにも打撃はやってきた。服飾作家にとって、デパートなどで開かれる催事への出店は大きな収入源のひとつだ。そのデパートも休業、あるいは店自体は開いててもイベントは中止に。

丸山「ぎょわー！　イベントが中止に――――！」

私「それはつらい」

丸山「仮に開催されてても店頭に立ちたくないが」

私「それな」

「家にいましょう」というムードの日本列島。仕事がなくなったなくなったと嘆いているだけでは無職になってしまうので、丸山さんはネット通販、私はオンラインインタビューや、取材が発生しないコラム記事などを書いて、回避した。とはいえ、さすがに4月の収入はバカ下がりしたので、持続化給付金を申請した（約3週間後に無事給付）。

会社員の角田さんと星野さんは、勤め先のカラーの違いが如実にあらわれていた。IT系の企業勤務の角田さんは、早いうちからリモートワークへ移行。当初はベッドを椅子代わりに仕事をしていたが、観念してオフィスチェアと折りたたみデスクを購入していた。角田さんは、自室のインテリアには結構こだわっている。「この椅子と部屋のインテリアがどうしても合わないんですよ」と、大層不服そうだったが、「背に腹は代えられないですよ」と在宅勤務のプロとして慰めた。

一方の星野さんは、第2章でも触れたが、ジャパニーズ・トラディショナル・カンパニーにお勤めである。本人いわく「家でやれない仕事というわけではない」らしいのだが、前例のない出来事には腰が重いことでおなじみのカンパニーだけあって、3月の間は通常通り出勤していた。

そんな星野さんが、4月の頭、ＬＩＮＥで体調不良をうったえてきた。昨日今日と37℃半ばの発熱が続いているという。カンパニーの産業医から自宅待機を指示され、さらに熱が上がるようならＰＣＲ検査へ、とのこと。

星野「時期が時期ですし、なるべく部屋から出ないようにします……」
角田「なにか必要なものがあれば気軽にＬＩＮＥくださいね」
丸山「ご飯は部屋のドア前に持っていくんで」
私「家庭内Ｕｂｅｒ Ｅａｔｓだ」
星野「うう、ありがとうございます……」

万が一新型コロナだったときのために、星野さんの食事は紙皿を使用して食後すぐ処分。階段の手すりやドアノブなども定期的にアルコール消毒して、できるだけの対策はした。

マジでかかっていた場合、我ら全員「濃厚接触者」確定ガチャであり、感染してなくても外出不可になるわけだ。でも、そうなったとしてもネットスーパーやＵｂｅｒ Ｅａｔｓ（ホンモノ）もあるし、なんとかなるわな〜と、あまり神経質にはならなかった。これが1人暮らしだったら、ひとりでＳＮＳのネガティブなニュースを見て、経済的不安や人恋しさでもっとメンタルが押しつぶされたりしていそう。私の性格上、そうなっていると思う。ルームシェアしててよかったー！

もちろん、これまでこんなに長い間、４人全員が在宅していることがなかったので、ときにはお互いにギクシャクすることもある。だけど、そういう些細なデメリットよりも、人の気配がする安心感だったり、収入が減っても安い家賃で広い部屋に住める気楽さだったりのメリットのほうが大きい。マジで家賃が安いのは健康にいい！　それに、このメンバーは、自分の機嫌が悪くなっても他人に八つ当たりせずに、自己完結するタイプなので、それも良かったとしみじみ思う。常に機嫌の良い人間なんていないので、機嫌の悪いときは、ひとりで機嫌悪くしていたらいいのだ。

星野さんは1週間くらいで回復し、産業医に「それなら検査しないで大丈夫」と診断されていた。安堵。

なんだかんだで各々オンライン飲み会を楽しんだり、突如ツイッターのタイムラインでブームになった「蘇《そ》」をつくってみたりして、在宅期間を過ごしていた。そしてやっぱりタイムラインで爆裂におすすめされた、タイのBLラブコメドラマの傑作と名高い『2gether』を、〝ハウス〟のみんなやオタク仲間でワーキャーヒューヒュー言いながら（もはや叫んでいたが）、オンライン上映会をしたのも楽しかった。鬱々としてしまう在宅期間に、熱帯の国のイチャイチャラブコメは癒やされることと山のごとし。そりゃ「新型コロナが収まったらみんなでタイに行きたいね〜、いつかあのジュース（毎回番組冒頭CMに出てくるタイの清涼飲料。おいしそう）飲みたいね！」なんて話も出ますわい。オタクコンテンツやSNS、そして〝ハウス〟のメンバーに助けられたな〜と感じる期間だった。……っていうかまだコロナ問題は終わってないんだけど！

【検証】結局どのくらい節約できたのか

コロナをきっかけにあらためて感じたことだが、生活コストが下がるのはどう考えても健康に良い。実際問題、夜泣きの1人暮らし時代とルームシェアの現在、一体どのくらい下がったのか？　1人暮らし時代の家賃光熱費1カ月分と比較検証してみる。

■2018年12月

・家賃（ネット回線込み）：8万5000円
・シェアオフィス代：2万5000円
・水道代：2200円
・ガス、電気代：9000円
合計　12万1200円

■２０１９年12月

・家賃：６万円
・水道代：１８００円
・ガス、電気代：５５００円
・ネット回線：１１００円
合計　６万８４００円

生活コストのトータルは、半減している。うわ〜い♪　１人暮らし時代と現在の水道代がほぼ変わらないのは、１人暮らしだと１日中家にいた場合、お風呂に入らない日がわりとあったからです。い、今はほぼ毎日入っておりますよ。ほぼ。

ただし、支出が半減したところで、自由意志に任せていると、私は本当に貯金ができない。意を決してiDeCoと定額積立口座を申し込み、自動的に天引きされるようにしたのであった。現状、預金残高は無事に右肩上がりを維持している。

「衛生観念・経済観念・貞操観念」の3つがポイント

友人から、引越しするという連絡が来た。

私「オッ、どこですか？」
友人「○○区△△」
私「ウチのド近所ですがな」
友人「そうそう、この間家に行ったとき、あのへん住みやすそうだな〜って」

気がつけば、徐々に徒歩〜自転車圏内に、居を構える友人が出てきた。都心へのアクセスが良い住宅街なので、もともとこのあたりに住んでいる友人も多く、〝近所の友人〟が片手では足りない人数になってきた。「旦那と別れたら〝ハウス〟の近くに住むね～」などの軽口も含めればかなりの数にのぼるので、そのうち区議選くらいには出馬できる勢力になるのでは？

ほかにも、ルームシェア生活を公言していると、「自分もやってみたいのだけど、他人同士で暮らすコツは？」と、相談を受けることもあった。そういうとき私は、「衛生観念と経済観念と貞操観念のすり合わせができたら、なんとかなるのでは」と答えている。

できるだけ清潔に暮らしたい人と、多少汚れてても気にならない人では揉めるので、「衛生観念」の確認は必須だ。お金に対する感覚がズレているとやりづらいので、「経済観念」も近い人のほうが良い。なお、他人の金銭を盗むなどは論外とする。実はこの点に関して「他人同士で危なくない？」とたずねられることもあるけれど、たとえば遺産相続だとか家族同士だからこそのお金のトラブルだってたくさんある。実体験をあげれば、私は高校生のときにパソコンを買うために一生懸命アルバイトをして貯めた貯金を、実の姉に勝手に引き出された経験があるのでな。

さすがにこれはレアケースだと自分でも思うけれど、ヤバいやつは血がつながっていようがいなかろうがヤバいという話ですわい。今思い出しても「本当にヤバいな」

ろうか。
と思うし、第1章で私がやたらと実家へ戻るのを嫌がった理由をお察しいただけただ

話を戻そう（ぺこぱ風）。頻繁に恋人を連れ込むようなタイプと、そういうのは嫌なタイプだとトラブルの種になりそうなので、「貞操観念」も多少は近いほうがいいと思う。過去に聞いたケースでは、女性2人のルームシェアで、どっちも恋人を連れ込みまくっていたので、〝お互い様〟でうまくいっていたこともあるらしい。

そもそも家の中での価値観の共有が大事であって、外での行動に関しては制限はないわけで。オタク女子会でも利用されているラブホテルこと、バリアンリゾートでオタク仲間と上映会をしてキンブレを握ろうが、恋人とシケ込んで別のモノ握ってようが、当事者以外は干渉すべきではない話だ。いけない、下ネタになってしまった。現に私は、〝ハウス〟のメンバーの推しキャラは知っているが、恋人の有無は知らないし、この先も知る必要はないと考えている。同様に、私の元パートナー云々の話もみんなから聞かれることはなかった。

思うに、我々は生活は共有しているが、人生は共有していないことが良いほうに働いている気がする。家族愛や恋愛感情などの関係性による、クソデカ感情が挟まらな

いので、そこに気楽さや快適さを感じているのだろう。要するに「家族だからこうしなきゃ！」といった、思い込みの重力からは解放されているように感じている。もちろん、そういった重力のないご家庭や関係も多数あるだろうが、私はわりと関係性に思い込みを重ねてしまう面倒なタイプなので。

逆に、家族や恋人といった関係性における承認が欲しい＝近くにいてほしいタイプだと、こうした生活は難しいのかもしれない。だから万人におすすめできるかといえば、ちょっと自信はないのだけれど、少なくとも私に関しては向いていた、という話だ。

女同士だからって揉めるとは限らない

もうひとつ、よく聞かれるのが「女同士で暮らしていて揉めないの？」という話だ。これについては、正直、ぜんぜん意味わからん。

あれは自衛隊時代、独身者は基本的に全員寮に住む決まりだったので、私も女子寮で生活していた。そうすると、メンズの自衛官たちがテキトーこいてくるわけだ。「女同士って仲悪いんじゃないの？」と。興味本位で言っているのかもしれないけれど、男子寮でも酒やギャンブル、「男のプライド（大爆笑）」が原因のクッソしょうもない小競り合いが毎日のように勃発しているのを私は知っているぞい、そっちに彼氏がいるのでな！　と当時思っていた。

これは極端な例かもしれないけど、「女同士の揉めごと」を肴にしたい人たちとエンカウントすることはよくある。そりゃ、人間同士なんだから揉めることはあるけど、そこにことさら「女」フィルターを挟むのは、なんだかな〜。

この生活で、揉めごとらしい揉めごとは起きていない。せっかく書籍にするのだし、ドラマティックなバトルがあったほうが盛り上がりそうだけど、本当になにもない。

強いて言うなら、みんなで話しているときに、私がなんの気なしに「嘘松」という単語を使って、集中砲火を浴びた件くらいだ。

ご存じない方に説明すると、「嘘松」とはネットスラングのひとつ。とあるオタクによる「アニメ『おそ松さん』のキャラにそっくりなイケメンに遭遇した」というツイートがバズったものの、大勢から「嘘くさい」とツッコまれた事案から生まれた言葉である。当たり前だが、大本《おおもと》のアニメのファンからはあまり好ましいとされていない。
あ〜、そうだったそうだった、忘れていた。アニメの放送が数年前なので、あまり普段は口にしないが、この人たち、『おそ松さん』にドハマりしていた「松沼」の住民だった。丸山さんは松パーカー（十四松）をたまに部屋着にしていたし、角田さんは一松のイメージ香水を持っていたし、星野さんの部屋にはチョロ松ぬいぐるみが鎮座している。そういえば、これまでのＬＩＮＥのやりとりで、ちょいちょいスタンプを使ってるな。

星野「そもそもあの言葉って揶揄《やゆ》だし」
丸山「いい言葉やないので……」
角田「実際に使ってる人、久々に見ました」
私「申し訳ございません」

私はあの中ならカラ松が好きです。

逆に「男同士だとこういったルームシェアは無理だよね」と言われることもある。これを言う人は男女どちらもいる。バンドマンや男性アイドルがブレイクする前に共同生活をしているのはよくあるエピソードだし、目的が一致していたら性差はないのではなかろうか。

ただ、この〝ハウス〟に男性加入がアリかといわれると、意見がわかれるところだ。たとえば、食事の量がひとりだけ飛び抜けて多いと共用費の分担の見直しが必要になるだろうし、トイレ掃除においてサニタリーボックスの処理は頼みづらそうだし～みたいな部分で、今よりも不平等が発生する気がするから、個人的には考えものかなと思う。

とはいえ一生一緒に暮らせるわけではないと思う

願わくば4人で末永く暮らしていきたい――この本の中でもそのお気持ちはずっと

表明し続けているけれど、「一生」は難しいだろうなとも感じている。

「老後は友人同士で一緒に住もう〜」という話は、オタク非オタクにかかわらずしたことがあると思う。2018年の年末にNHKで放送された『女7人おひとりさまみんなで一緒に暮らしたら』というドキュメンタリーが、まさにそんな内容だった。71歳から83歳の女性7人が、同じマンションの別の部屋を購入し、それぞれの部屋を行き来して協力しながら暮らしているという。番組内では「ともだち近居」と呼ばれていた住まいのあり方は、ツイッターでも「理想的だ」という感想を多数見かけた。

たしかに私もそう思う部分はある。しかしながら、おそらく我々の世代は、金銭的な面で厳しいでしょうなぁ。年金も退職金も期待できないし、老後にマンションを購入するという時点で、かなり難しいだろう。

また、番組内では病気や怪我、認知症になった場合に焦点があたっていた。これが私が「一生」は難しいだろうなと思う理由だ。老いは誰にでもやってくるが、誰もが同じスピードで老いていくわけではない。当然「最期」が来るタイミングだってバラバラだ。

私の周りだけかもしれないが、ライブやら舞台やら現場がある系のオタクは、シフトの組みやすい看護・介護職についている人が多い。そんな彼ら彼女らいわく、90代でスマホを難なく操作し、ゲームを楽しんでいる人もいれば、60代で寝たきりになってしまう人もいる。元気なままで一生を過ごせるのか、寝たきりになるのかだって、実際問題ほぼ運でしかない。

今現在の我々のルームシェアは「持ちつ持たれつ」が基本だけど、これはお互いが同程度に元気なので成り立っている。元気な人がそうでない人の面倒を無期限でみるのは限界があると思う。私はもし自分の体にガタがきても、ほかの誰かの人生を犠牲にしてまで面倒をみてほしくない。昨今は、家族間でも「介護はプロに頼むべき」という考えが一般的になってきているという。なので、もしも将来そうなった場合は、きちんと行政や民間サービスに頼みたいと思うし、それが当たり前の世の中であってほしい。

お年寄りになってもみんなで住み続けるにせよ、ひとりで住むにせよ、行政を利用する知識をつけたり、民間企業の介護サービスを頼めるくらいの貯蓄はしておこうと考えている。第1章で触れたような、孤独死の抜本的な解決策は現状見つからないけれど、いうてアレも実際に孤独死したくないというよりは、この先孤独に過ごすのがイヤだっていう感情の発露だったような気もするしな。結局のところ、その時々のベターを選んでいきたい。それはそれとして、〝5000兆円〟は常に欲しいと思っている。常にな！

To be continued…

そんなに先のことじゃなくても、メンバーの脱退時については、ある程度考えておかなければならないだろう。「誰かが急に恋に落ちたらウケる」という話は第2章でもしたけれど、現実問題、4人のうち誰かに結婚だったり家庭の事情だったり、人生の転機が訪れる可能性は全然ある。不動産業者や家主からは「メンバー交替は事前に言ってくれるなら、そんなに頻繁でなければ問題ない」という言質《げんち》はとっている。

新メンバーを募集するにしても、3人でやっていくにしても、新天地へ引越すにしても、私自身はしばらくはルームシェアを続けていきたいと考えている。この快適さは1回知ってしまうと、なかなか捨てがたい。

ドラマらしいドラマもないが、だからこそ安定感のある暮らしは続いていく。

最近の我が家は、世のオタクの例に漏れず、ディズニー映画の悪役をモチーフにしたイケメンたちと交流するゲーム、『ツイステッドワンダーランド』の話題でもちきりである。

星野「物欲センサーが出るから、誰か私の代わりにガチャを回してください～～」
丸山「ホイきた」（ポチッ）
私「がんばえ～」
星野「わー！　SSRレオナが出た！」
丸山「ガハハ（ガッツポーズ）」
角田「物欲センサーって本当にあるんですね」
星野「この子がいると助かるんですよ！」

オタクはさまざまなものをガチャにたとえるが、家主や家選びなんかもガチャ要素が強い。この〝ハウス〟も家主も我々にとってはSR以上だし、ルームシェア生活というゲームを進めていく上での強いカードを引けるに越したことはない。とはいえ、プレイヤー同士のコミュニケーションによってゲームの面白さが変わってくることは往々にしてあるので、結局は自分と他人の関わり合いの問題なのかもしれない。

「大の仲良し」編成のパーティーじゃなくても、いや、だからこそ、このゲームは面白いと思う。突然のサ終（サービス終了）は避けたいので、今後も自分たちなりに快適に楽しく持ちつ持たれつやっていきたいものですなぁ。

おわりに

本書では私の見解を披露してばかりだったので、同居人たちに「オタクのルームシェアが続くポイント」について聞いてみた。

丸山「やっぱオタクと暮らすと、急な発狂とヤバい物量に理解があるから楽よな」
角田「オタクってお互いの地雷を踏まないようにするじゃないですか。それが実生活でもほどよい距離感になってるのでしょうか」
丸山「その一方で、トラブル発生時にナアナアではなくちゃんと言えるし、そういうときの言い方はストレートやから、こっちも気を使わないのはあるかも」
星野「道具やツール／アプリで解決できることは解決する割り切りは必要ですよね」
丸山「そしてマジレスしますと、やっぱりどこかしら尊敬できるところだったり、チャーミングだなと思うところだったりがある人と暮らすのは、いいことだと思う」

あまり変わらなかった。

丸山「あっ、全員裸眼の視力が悪いせいか、掃除に細かくないからでは?」
星野「万事に対して、適度にザルになることは大事ですよね(笑)」

小ボケまでありがとう。やっぱり、こういう暮らし方が性に合う人間が集まっているという理解で良さそうだ。

いま、〝ハウス〟には3キロのさくらんぼがある。新型コロナで打撃を受けている農家の方を「食べて応援」の気持ちで山形県産さくらんぼを1キロ注文したところ、角田さんも同じものを箱で注文しており、期せずして初夏のさくらんぼフィーバーを迎えることになった。

春先には、同じ理由で北海道産インカのめざめを10キロ頼んで、さすがに若干持て余した。我々は同じミスを繰り返す……。この生活もそれなりに長くなったので、慣れたもんですわといわんばかりに、ある者はサングリアを錬成し、ある者は砂糖漬けにしてタルトのトッピングにし、またある者はひたすら生で食すなど、3キロのさくらんぼもわりとすぐなくなった。人数が多いと、エンゲル係数は下がるし、食のQOLは上がるところもメリットのひとつである。

「はじめに」でも書いた通り、家族じゃなくてもパートナーじゃなくても、いろんな生活があっていいんじゃないかと、このルームシェアをする前から考えていた。そして実際に他人と暮らしてみて、その考えは強くなった。むしろ、「じゃなくても」ではなく、友人同士「だからこそ」、フラットで快適な部分もあるのではないかと感じている。できればもっと快適にしたいので、賃貸住宅の契約ハードルなどの面でも、他人同士が暮らしやすくなってほしいと思う。これは本当にフォントサイズを倍にして太字で書いておきたいくらいだ。

夜泣きの原因のひとつだった肩の痛みは、徐々に快方に向かいつつある。〝ハウス〟の最寄り駅で良いリハビリセンターのある病院を発見し、通うようになった。目下、新型コロナの影響で通院をサボり気味だが……（ダメじゃん）。電球の付け替えのような、腕を上げる作業は同居人たちが気を使ってやってくれる。ありがたいなあと思う。夜泣きもすっかりなくなった。

「新型コロナの影響で4～5月は仕事減ってるから、その間に書きますよ～」と余裕こいてたら、あっという間に時間が溶けていき、ギリギリで慌てて書き上げるという最悪ムーブを決めた私を見守ってくださったフリー編集者の斎藤岬さん、幻冬舎の三宅花奈さん、本当にありがとうございました（斎藤さんには、新宿のコワーキングスペースで物理的に見守っていただいて……。その節は本当にお世話になりました）。

これは完全に言い訳なのだけど、この本はある意味では二次創作。自分や周りの人間たちをキャラクター化してエッセイとして描くということが、最初はたいへん気恥ずかしくて、プルプルしながら執筆することに。「本にしたいです」って言い出したのは自分なわけだが！

そして、装丁を手掛けてくださったデザイナーの鈴木千佳子さん、イラストを描いてくださったカヤヒロヤさん、おふたりのおかげで大変かわいらしい本になりました。これは私の実力以上に売れるに違いない（確信）。

この生活を書籍にすることを快諾してくれた同居人たちにも感謝します。これも

「面白」にステータス振りがちなオタクだからできたのかもしれないね。印税入ったら、みんなでおいしいご飯を食べましょう。気が早い。

最後に、ここまで読んでくださった読者の皆様もありがとうございます。次回公演があるかどうかはわかりませんが、またお会いできることを（ここで客電が点灯）。

文庫版あとがきにかえて
ハウスメンバー座談会

――ルームシェアを3年してきて、〝ハウス〟のみなさんがあらためて「良かった」と感じるのはどんなところですか？

藤谷　第一に、家賃や光熱費などが下がったことは大きいです。私はフリーランスで収入が不安定なこともあって、何度「ルームシェアでよかった～」と心の中でガッツポーズしたことか。

丸山　藤谷さんがこの本でも書かれていましたが「倒れても残機がある」のが本当に良いです。1人暮らしだったときはゴミ出しを1週間忘れてしまうようなこともよくあったのですが、誰かがやってくれるので本当にありがたい。

角田　体調が悪かったり仕事が相当立て込んでいたりして、家事に割けるリソースが皆無のときでもお風呂が沸いていたり前日の服が洗濯されていたりすることですかね。

それが続くとみんなに対して申し訳なさが出てきますが。

星野　倒れても残機があるのは本当にありがたいですね。出張や残業で限界になっていても、家に帰れば風呂が掃除されて沸かされているのはかなり心強い……。「その分、朝のゴミ捨てや洗濯はやろう」となります。

藤谷　逆に私は朝起きることがほぼできないので、「お風呂掃除だけは任せてほしい」の気持ちがあります。

丸山　出張や体調不良で動けないときはもちろんありますが、ある程度はお互い様かなと。お土産を多めに買ってきたり、家事負担が1人に集中したときには声をかけたり、自分と周りが苦しくならない程度には一応気をつけています。気遣いが滑っていたらごめんなさいだが……。

星野　ハウスの住人、全員「やばい、何もできてない」という罪悪感がインストールされているタイプだから、何かしらのフォローは入りますよね。他人同士だからかもだけれど。あとは、コロナ禍で外ではろくに人に会えない時期でも、家の中に話し相手がいたのは大きかったです。私は寂しいのが苦手なおしゃべり人間なので、人と顔を合わせて話せたのはかなり救われました。

丸山　そこは本当に1人だとけっこうヤバかったのではと思います。

藤谷　これは本当にそう。

角田　わたしはあんまり人恋しくないほうの人間なんですが、コロナ禍で在宅が続いて外の気配がわからない状態になると、家に人の気配があると落ち着きますね。

――本書では「普段のやりとりはＬＩＮＥが中心で、淡々と暮らしている」と書かれていましたが、やはりコロナ禍では在宅時間が伸びておしゃべりする機会も増えましたか？

丸山　顔を見たら「おつかれさまです」とか「お茶飲みますか？」とか「仕事どうですか」とか声をかけて、そこからちょっと会話になることは多かった気がします。盛り上がって長くしゃべるというよりは、すれ違いざまにみたいな感じですが。

星野　そうですね、給湯室の一瞬の雑談的なやつ。コロナ禍前は仕事や趣味でそもそも家にいなかったから、会話率マイナスだったのが＋１くらいになったかな、という程度だけど、機会は増えた気がします。

藤谷　ひとことで「会社員」といっても、勤め先がすぐにリモートワークに移行したか否かで状況はかなり違いますし、「フリーランス」といっても商品を直接販売する人と、ネット回線があれば仕事ができる人ではやっぱり状況が違います。そうした人それぞれの事情を間近で見ていたので、コロナ禍でも違う立場の人のことを想像する、思いやる余裕ができた気がしています。

角田　在宅が続くと仕事の場で第三者の意見が聞けないので、そういうときに家の人に聞くことは増えましたね。ありがたい情報源です。

藤谷　配信ライブを観るために、リビングに集まることも増えたんじゃないでしょうか。その影響もあって、4Kのテレビを買いました。

星野　どうせなら大きい画面で観たいですしね。2~3人がリビングで配信を観ていることは増えた気がします。

角田　ごはん食べに降りてきて、誰かが観ているとなんとなく一緒に最後まで観ちゃいますね。

丸山　自分では「観ようかな」とはならないものを見られて面白いですよね。

藤谷　私はコンテンツを知るのも仕事のうちなので、ながめているだけでも勉強になるなと思っています。

角田　今は誰かしらがリビングでゲームをしていることが多いので、私はよく脇から見ています。

星野　コロナ禍の運動不足で健康診断にひっかかった星野がＮｉｎｔｅｎｄｏ Ｓｗｉｔｃｈと『リングフィットアドベンチャー』を買いまして。ほかのみなさんもアカウントを作って、誰かがドラコに挑戦しているのを横から応援してます。

丸山　ドラコ、倒しました！

角田　ドラコくんからもらえるウェア、デザインに爆笑してしまった。

丸山　ほんまダサかった。

星野　あれは感動の瞬間でしたね。ごはんを食べながら横で見ていました。

丸山　星野さんより先にクリアしてしまって申し訳ない。

星野　いいんです、星野はリングフィットをサボって『スプラトゥーン』をやっているから。

丸山　『スプラトゥーン』は見ているだけで口が悪くなる（性格の問題）。今度みんなで『タローマン』を見ましょうね。

角田　ＮＯＤＡ ＭＡＰのＤＶＤ－ＢＯＸもあるよ。次回の上映は宝塚・宙組の『ＨｉＧＨ＆ＬＯＷ－ＴＨＥ ＰＲＥＱＵＥＬ－』の予定です。

丸山　こんな感じでカジュアルにＤＶＤや本が出てきます。

2回でやらなくなった定期ミーティング

――楽しそうでうらやましいです。生活の中でカルチャーギャップを感じた場面はありますか？

星野　私はだいぶボーッと暮らしているから、あんまりそういう部分でビックリした記憶がないです。

角田　私はそのあたりのスイッチをオフにしているのでわからないですね。オンにしていると変に細かいことが気になっちゃうと思うので。

藤谷　個人的には、星野さんが家事をするときに必ずエプロンをしていることです。「ちゃんとしている！」といつも新鮮に感じます。私は家庭科の授業以外でエプロンを着けたことがないから……。

星野　エプロンがないと、洗剤や水や調味料で一瞬で服をダメにしてしまうから……。

角田　ダメになってもいい服しか家で着てない……。

丸山　料理がんばるときはエプロンをするけど、雑に作るときはしないなぁ。居酒屋丸ちゃんぐらいなら着けないかも。

――居酒屋丸ちゃんとは？

藤谷　居酒屋丸ちゃんとは！　丸山さんが思いつきで居酒屋っぽいメニューをお出ししてくれるイベントを指します！

丸山　丸山が気まぐれに酒のアテをどんどん出す回です。

藤谷　先日、リビングで『キングオブコント』を見ているときにも発生しましたね。

星野　無限に酒のアテが錬成される危険なイベント。

角田　後半になるにつれて悪さ（カロリー）が増したりする。

星野　私はあんまり料理が得意じゃないから、丸山さんのお料理好きには本当に助けられています。その分片付けはやる、という気持ち。

丸山　ご飯作った後に片付けてもらえるの本当にありがたいです！　自分でやるよりきれいだし。

――食べてくれる人が複数いると1人暮らしより作れるものが広がって楽しそうです。

丸山　1人前だと丼ものを作って終わりがちですが、複数人いると「手間はあんまり変わらないからサラダつけようかな」とか「副菜作ろうかな」と思います。あと、みんなが食べてくれるので、気になるレシピを見つけたときに気軽に試せるのもいいですね。

藤谷　ひとの作った飯からしか取れない栄養素がある。

星野　最近だと、突然ホットケーキが食べたくなってホットケーキミックスの大袋をバーンと開け、ホットプレートでひたすら焼いたこともありましたね。1人じゃホットプレートなんか出さないですよ。

丸山　トッピングもいろいろできるので楽しいです！

――最初に取り決めたことで、やらなくなったことはありますか？

星野　定期ミーティングですね。全員忙しすぎたので。

角田　2回くらいでやらなくなりましたね。

星野　生活する上で気付いたことの共有と解決をと思っていたんですが、そのときどきでLINEするほうが早かった。

丸山　そのほうが性に合っていました。

角田　そういう場があったほうが言いやすいこともあるかと私は思っていたんですが、

それぞれたまりかねたタイミングで言うパターンに落ち着きましたね。

藤谷　なんとなく「対面でみんなで話すことが大事！」みたいな先入観があったけど、文字ベースのほうが快適だと気づきました。

星野　私たちが4人とも文字ベースのコミュニケーションにわりと特化していたからこうなっただけで、人によってさまざまだろうなと思います。

角田　顔を合わせたほうがいいタイプの人もいるでしょうしね。

——逆に、当初は想定していなかったけれど暮らしていくうちに定着したシステムは？

星野　それはめちゃくちゃありますね。冷蔵庫在庫管理システムとか、風呂入退室の報告とか。

角田　寒くなってくると、外出している人間が帰ってくるタイミングで風呂を沸かすか聞くとか。

丸山　小さい問題を随時解決する感じで、細かい変更はいろいろありますね。

星野　そうですね、不便を解消した結果それがルーチンワークとして定着する感じ。

角田　「このシステムを導入します！」って決めてすること、ほとんどないですね。

「ToDoリストに追加します？」と話して決めたりはしますけど。たとえば最近だと、共有タオルに印をつけることになったときとか。

丸山　私が「個人のタオルと共有のタオルの柄が覚えられなくて、区別がつかないから、簡単に見分けられるようにしたい」と言って、共有タオルに目印をつけさせてもらいました。「○○が気になる、不便」→みんなでLINEで話し合うか、言い出しっぺが解決法もセットで出す→落としどころが見つかる→実行する、の繰り返しですね。業者に頼まず我々の間だけで解決できるものはかなり早く片付いていると思います。

角田　ほかにも、個人の部屋で使っていたサーキュレーターをリビングに置いてもらうとか、私物を共有物に流用した場合は「共用費からお金を出そう」という話になりましたね。

――3年住んでもなお仕組みの改善が行われているんですね。

星野　暮らしているとやっぱり細かく変化や変更が出るので、きっとずっと改善の努力はするんでしょうね。

角田　それぞれの体調やライフスタイルの変化もあるでしょうし。

丸山　そうですね。むしろ最初の段階で「話すと改善する」とわかったので習慣になった節があります。ナアナアな人ばっかりだったら、多分諦めてズルズルしていたと思う。

角田　「最初に決めたことだから〇〇はやらない！」みたいな考えの人間がいなくてよかったです。

「こういう暮らし方もあるんだ」と広く知ってほしい

――自分たちの生活がエッセイになったことを、3人はどう思っていますか？

星野　「えっウケる、どんどんやって」って感じでした。基本的に「面白いほうに3000点！」みたいな気持ちで生きているので。実際に本になってみると、自分の「概念」を見ているみたいな、少し距離感があって面白かったです。あと、「家族」以外の共同体での暮らしの話は社会にもっとたくさんあるべきだと思っているので、エッセイ化はとても有意義ですよね。

角田　金銭面だったり制度面だったり、「実際にルームシェアを始めるには」という内容にしたいと聞いていたので、その通りになってよかったです。そういう暮らし方があることをいろんな人が知るといいなというのが一番でしたね。私は人と暮らしていることをあまり隠していないので、知り合いに「(藤谷さんのルームシェア本の)ファンです！」って言われてびっくりしたのが最近のハイライトです。「オタク友達全員に『まずは読んで』って押しつけてる」と言っていたので、今度おいしいお菓子でも進呈しようと思っています。販促大事。

丸山　「長く生きているとそんなこともあるんだな〜」という感じでした。藤谷さんからの目線ということで、完全に自分そのものでもない気軽さで楽しませていただいています。マンガにもなったのでさらに自分から遠ざかっていって本当に面白いです。このままドラマになってほしい。すべての人間が恋愛ベースで暮らさなくてもいいと思うので、「こういうのもあるんだよ〜」っていうのはいろんな人に伝えたいですよね。

藤谷　愛情や友情といった気持ちの強さよりも「なんとなく価値観が近い」というのが長続きする理由だったのかも。

——そもそもみなさんは、自分の暮らし方の選択肢として「友人とルームシェア」という考えは持っていたんでしょうか。

藤谷　ないです。夜泣きの勢いによる思いつきです。

星野　そういう暮らし方があるのは知っていましたし、身の周りにもいたけど、自分が選ぶことは考えてなかったですね。いざルームシェアを始めてみてからは「既存の『家族』という在り方以外をやってやんよ」というアクティビズム的な気持ちも若干ありますけど、そもそもはマジで何も考えてなかった。

丸山　結構ルーズな人間なので相手に迷惑をかけると思って、自分では考えていませんでした。今回は誘ってもらったのと、「3人以上にしよう」となったのが決め手でした。

藤谷　丸山さんが「1対1だと確実に破滅する」と言ってくれたのは、ナイス判断でしたね。

角田　独居はコスパが悪いし、友人同士かはわからないですけど、なんらかの共同体のなかにいたほうが楽に生きられるな、というのはありました。具体性はまるでなかったけど。子育てなどのトピックがツイッターで上がるたびに感じていたことなので現状とはちょっと違うかもしれませんが、今はこれが楽だし時勢に合っているとも感じます。物価高との兼ね合いもあるし。

丸山　光熱費、1人暮らしだとつらかっただろうなとは思いますね。

――本書で藤谷さんは生活コストが半減したと書いていますが、みなさんも経済的には楽になりましたか？

角田　家賃・光熱費だけでも2万円以上下がったかな……。現在の家賃＋共用費＝以前の家賃くらいです。

丸山　私はこの前に住んでいた場所が天井が崩れてくるほどおんぼろだったのでその分家賃が安く、価格的にはあまり変わらないんですが、その価格でエアコンがついていて追い炊きありのお風呂があって、そのうえ天井が崩れてこないので助かっています。

星野　私は実家暮らしから移行したので、金銭面ではあんまり変わらないというか若干持ち出しが増えましたが、1人暮らしよりどう考えても安いのは確かなので、不満は全然ないです。通勤時間も短縮されたし、街の環境も楽しいし。

角田　お金の面を考えると、1人暮らしに戻るのはちょっと怖いですね。

星野　本当に今の物価高で1人暮らしをする勇気はない。

丸山　私はここが解散になったら、家賃が安い郊外に行かないと生活が成り立たないかもしれない。

星野　得難い家ですよ、文化的なハウスは……。

藤谷　あと5年くらいは住みたい……！　しかしここは、家主の方が仕事の都合で東京を離れている間は賃貸に出しているという定期借家……！

角田　家主〜〜〜契約更新させてくれ〜〜〜〜。

丸山　まだしばらくこの暮らしがいいよ〜〜〜。

藤谷　加齢とともに肉体のパフォーマンスが落ちることが予想されるので、できればみんなで協力しあって、この暮らしを維持したい……！

（2022年10月収録／構成＝斎藤岬）

解説

つづ井

この度は、『オタク女子が、4人で暮らしてみたら。』文庫化おめでとうございます！　このタイトルを初めて目にしたとき、僭越《せんえつ》ながらいちオタクを自負しているものとして、大変胸が高鳴ったのを覚えています。

「オタク女子が四人で暮らしたら、そんな楽しいことが起こったら、一体どうなってしまうの？」多くのオタクが一度は夢見る「オタクルームシェア」というものに対し、私も例にもれず興味津々でした。

自己紹介をさせていただきますと、私・つづ井はいち凝り性な成人女性として、日常のささやかな出来事を絵日記にし、コミックエッセイとして発表させていただいている漫画家です。同じく凝り性な友人たちにも恵まれ、おかげさまで楽しい毎日を送っております。

そんな私も、本書冒頭の「夜泣き」には苦しいほど共感しました。以下私事、失礼いたします。つい先日、テレビを見ようと温かいお茶を用意した私は、いつもの定位置であるビーズクッションにどっこいしょと全体重を預けました。ビーズクッションをお使いの方にはお分かりいただけると思うのですが、中身の細かいビーズの分布が、カバーの中で著しく偏っている状態の時がありますよね。なんとこの時かわいそうにも私のお尻は、ピンポイントでビーズのまったく存在しない位置に向かって落とされ、一切ビーズに包まれることなくほぼ直に床へと叩きつけられました。クッションの存在を信じ切っていた私は、突如お尻を襲った激痛の正体が分からず、しばらくあぜんとしてから「しりもちをついたんだ、私は、大人なのに……」と、遅れてやってきた事実と痛みを一人噛み締めました。当たり前ですが用意したお茶が服も床もクッションもまんべんなく濡らし、「こんなに痛い思いをして、心配してくれる人もおらず、きちんと後片付けまでして、私は、私は――」と、なんともみじめな思いでした。

気ままで気楽な一人暮らし、しかし自分でも予測できないほどふとした瞬間に「これ、一生……？」「今より年齢を重ねて、心身ともに元気が落ち着いていったとして、その時の私も、これ……？」と、心臓の中心がうすら寒くなるような感覚になることがあります。そんな言い知れない漠然とした不安を前になすすべもなく、気圧とホルモンバランスにおおいに振り回され、流れる涙が耳の裏までべしょべしょに濡らすのにもじっと耐える……。そんな夜をひとりやり過ごした経験がある方も、少なくないのではないでしょうか。

本書の第1章では、夜泣きに至った藤谷さんがご友人たちとのルームシェアを決めるまでの論理的な思考のみちすじが、丁寧かつユーモアたっぷりに記されています。読み進めていくと、

「ねえねえ、オタクルームシェアしない？」

という一見突拍子がないように思える呼びかけが、決して寂しい夜が引き寄せた軽

はずみなアイデアなどではない、ということが分かります。様々な選択肢のメリットとデメリットを冷静に分析・比較されたうえでの、とっても建設的な提案だと私は感じました。また、ここでの藤谷さんのずば抜けた行動力とすがすがしいまでの決断力は、自分の友人たちの姿にもどこか重なる部分を感じ、読んでいてとてもわくわくしました。

さりとて、読み進めていくと成人女性四人で行うルームシェアの、社会的なハードルの高さが明らかになっていきます。特に、入居時の審査のお話や家賃負担の割合のお話など、現実的でためになるお話も盛りだくさんで、とても読み応えがありました。

私も最近引っ越しをしたため、物件探しの大変さは記憶に新しいのですが、それにしても「ペット可」よりも「ルームシェア可」の物件の方が少ないとはとても驚きました。そんななか藤谷さんたちが「文化的なハウス」に巡り会えて、本当に良かった……。

「なるほどな」と目からうろこだったのが、「細々したことは、各自でこだわりの度合いが違う。基本的にそれぞれに関して一番こだわりがある人に合わせましょう」という取り決めです。シンプルですが、意外と思い至らない観点だと思います。フェアにすることばかりを優先するのではなく、それぞれが一番心地よく納得のいく形になるよう、価値観をすりあわせていくというやり方は、ルームシェアを考えていらっしゃる多くの方の参考になるのではないかと感じました。

このように本書はルームシェアの実体験記として、具体的かつ有用な情報やアイデアが満載であることはもちろんですが、とりわけ「他人と暮らすということ」について、とても大切なことを記してくれていると感じます。

いち読者として感じたのは、「文化的なハウス」に住まう四人がこれほど理想的に思える暮らしを実現されているのは、「同年代のオタクが集まっているから」という理由だけではなく、「自立した大人たちがお互いを尊重しあい、各々が居心地よい距離感を保てるよう努力を続けられているから」なのだ、ということです。

生まれてこの方家族以外の他人と一緒に暮らしたことのなかった私は、この本に出合うまで、他人と住むには「何があってもお互いを許しあえるくらいの絆」や、「衝突しても関係を続けられる自信」「付き合いの長さ、愛情の深さ」などが不可欠なんだろうな、とぼんやり考えていました。本書では私のそういった思い込みを吹き飛ばすように、お互いの本名すら知らなかった女性たちが、仲良く楽しくのびのびと共同生活を送っていらっしゃいます。それは、「お互いへの手厚いケアを義務にしない」「イベントは強制参加ではない」といった、良い意味での距離感を大切にしていらっしゃるからこそ成せることなのかなと感じました。

将来を誓い合った愛情じゃなくても、何十年も続いてきた友情や血縁じゃなくても、人間はともに暮らしていける！　藤谷さんたちが今まさに体現なされているこの事実で、人生の選択肢が増える人も多いことと思います。事実、私もその一人で、実家近くのいい感じの空き家をちらちら横目で眺める日々です。

最後に、私が大好きな本書の一文を引用させていただきます。

「育ってきたお雑煮の味が違っても、人は全然楽しく一緒に暮らせるんだよなぁ」

この作品は二〇二〇年九月小社より刊行されたものです。

オタク女子《じょし》が、4人《にん》で暮《く》らしてみたら。

藤谷《ふじたに》千明《ちあき》

令和5年2月10日　初版発行

発行人――石原正康
編集人――高部真人
発行所――株式会社幻冬舎
〒151-0051東京都渋谷区千駄ヶ谷4-9-7
電話　03(5411)6222(営業)
　　　03(5411)6211(編集)
公式HP　https://www.gentosha.co.jp/
印刷・製本―図書印刷株式会社
装丁者――高橋雅之

幻冬舎文庫

ISBN978-4-344-43271-0　C0195　ふ-37-1

この本に関するご意見・ご感想は、下記アンケートフォームからお寄せください。
https://www.gentosha.co.jp/e/